Jesús
Preguntas y respuestas

Jesús
Preguntas y respuestas

John MacArthur

EDITORIAL
PORTAVOZ

La misión de *Editorial Portavoz* consiste en proporcionar productos de calidad —con integridad y excelencia—, desde una perspectiva bíblica y confiable, que animen a las personas a conocer y servir a Jesucristo.

Título del original: *The Jesus Answer Book* © 2014 por John MacArthur, y publicado por Thomas Nelson, Nashville, Tennessee. Thomas Nelson es una marca registrada de HarperCollins Christian Publishing, Inc. Traducido con permiso.

Edición en castellano: *Jesús: Preguntas y respuestas* © 2016 por Editorial Portavoz, filial de Kregel, Inc., Grand Rapids, Michigan 49505. Todos los derechos reservados.

Traducción: Juan Terranova

Las cursivas en el texto bíblico son énfasis del autor.

EDITORIAL PORTAVOZ
2450 Oak Industrial Drive NE
Grand Rapids, MI 49505 USA

Visítenos en: www.portavoz.com

ISBN 978-0-8254-5667-1 (rústica)
ISBN 978-0-8254-6501-7 (Kindle)
ISBN 978-0-8254-8649-4 (epub)

1 2 3 4 5 edición / año 25 24 23 22 21 20 19 18 17 16

Impreso en los Estados Unidos de América
Printed in the United States of America

Contenido

¿Quién es Jesús?

Jesús: Sus obras y sus palabras

Jesús: Su pasión

Jesús: Su trascendencia

Introducción

El Hijo de Dios llegó a este mundo desde el cielo para habitar entre nosotros. Su propósito final es gobernar y recibir adoración eternamente, pero primero vino a "buscar y a salvar lo que se había perdido" (Lc. 19:10); salvar "a su pueblo de sus pecados" (Mt. 1:21). En concreto, Él vino para morir a fin de ofrecer su propia vida como un sacrificio para pecadores que no lo merecían. Él "vino [no] para ser servido, sino para servir, y para dar su vida en rescate por muchos" (Mt. 20:28).

Con este fin, Jesús vino a este mundo como un niño indefenso; vivió una vida sin pecado de perfecta obediencia bajo las rigurosas demandas de la ley de Moisés (Gá. 4:4), al tiempo que encarnaba todas las perfecciones de la santidad divina. Aun cuando estaba sujeto a vulnerabilidades humanas normales, como el hambre, la sed y el cansancio (He. 4:15), Jesús resistió triunfalmente todas las tentaciones que experimentan los seres humanos (He. 2:18). Desestimando su gloria como el Señor soberano absoluto, se humilló a sí mismo para hacerse esclavo de todos, sufriendo la más vergonzosa muerte en una cruz; ejecutado como si fuera culpable de crímenes capitales (Fil. 2:6-11).

Cuando parecía que tanto su vida como su ministerio habían fracasado por completo, Jesús resucitó gloriosamente, demostrando su autoridad sobre la vida y la muerte, y su poder sobre todas las fuerzas del infierno.

Jesús murió y resucitó por su pueblo elegido: aquellos que creerían en Él y lo confesarían como Señor. Sobre aquella cruz, Él cargó la culpa y sufrió el castigo que ellos merecían. Habiendo expiado sus pecados de manera total y absoluta, Él, en su gracia, los cubrió con su perfecta justicia (2 Co. 5:21), para que pudieran presentarse ante Dios completamente justificados. Él nos concede la vida eterna de forma gratuita.

Ese es el mensaje del evangelio, la más grande historia jamás contada, y culmina con la más sublime invitación alguna vez dada: "Y el que tiene sed, venga; y el que quiera, tome del agua de la vida gratuitamente" (Ap. 22:17).

En Jesucristo se manifiesta la plenitud de la gloria de Dios. El misterio y la majestad de esa gloria resplandecen para aquellos que tienen ojos espirituales para verla. Mi oración para ti es que, a medida que leas, Dios abra tus ojos para ver, tu mente para comprender y tu corazón para aceptar la verdad sobre el Señor Jesucristo. Sobre todo, oro para que ames al Salvador resucitado y recibas su don de vida eterna.

Para el Maestro,

¿Quién es Jesús?

El Dios eterno y soberano vino a la tierra como ser humano para vivir una vida recta entre su pueblo, y luego morir como un sacrificio perfecto para liberar de la ira de Dios a todos los que se arrepienten y creen. Con esas verdades en mente, no nos atrevemos a trivializar o darle un valor sentimental a las personas y eventos que rodean el nacimiento de Cristo. El Dios Todopoderoso del universo vino humildemente a la tierra en forma humana para buscar y salvar lo que se había perdido (Mt. 18:11; Lc. 19:10; 5:32; Ro. 5:8).

Su nacimiento

¿Por qué podemos creer en el nacimiento virginal de Jesús?

Mateo necesita solo un versículo (1:18) para anunciar el hecho del nacimiento virginal de Cristo. Una declaración tan concisa, aunque en sí misma no es una prueba del hecho, sugiere firmemente que la noción del nacimiento virginal de nuestro Señor y Salvador no fue simplemente una historia inventada por el hombre. Un autor humano, escribiendo estrictamente por su propia iniciativa, hubiera tendido a describir esa situación y ese sorprendente evento de una manera amplia, detallada y elaborada; pero no el apóstol Mateo. Él relata circunstancias adicionales alrededor del nacimiento virginal, pero el hecho básico se afirma en una sola oración: "Estando desposada María su madre con José, antes que se juntasen, se halló que había concebido del Espíritu Santo".

¿Cómo fue posible el nacimiento virginal?

Muchos siglos después de que el divinamente inspirado Evangelio de Mateo declarara que Jesús había nacido de una virgen, su milagrosa concepción sigue siendo imposible de entender por la razón humana únicamente.

Aquel hecho fue un milagro, sin ninguna explicación natural, y no necesitamos una argumentación científica o analítica, como tampoco necesitamos pruebas científicas sobre cómo fueron creados los misterios del universo a partir de la nada.

Las Escrituras están salpicadas con milagros y doctrinas misteriosas. ¿Cómo puede ser Dios un ser en tres personas? ¿Cómo pudo Cristo levantarse de entre los muertos? Ni siquiera podemos explicar con precisión qué sucede cuando pecadores depravados nacen de nuevo al arrepentirse de sus pecados y confiar en Cristo. Muchos de los fundamentos del cristianismo están más allá de lo que la mente humana puede entender. Tampoco podemos comprender el infinito, pero nadie duda del concepto.

Las Escrituras están llenas de verdades que trascienden el pensamiento humano. "Porque ¿quién entendió la mente del Señor? ¿O quién fue su consejero?" (Ro. 11:34). Dios quiere que los creyentes acepten la verdad de su Palabra por fe.

¿De qué manera fue María el modelo para los creyentes, en su respuesta a las noticias de que ella sería la madre del Hijo de Dios?

En Lucas 1:34, María preguntó al ángel: "¿Cómo será esto? pues no conozco varón". La pregunta de María surgió de la sorpresa, no de la duda o la falta de fe y, por tanto, el ángel no la reprende. Una vez que María lo comprendió mejor, ofreció una canción de alabanza, conocida como el *Magníficat*. María se refirió a Dios como "Salvador", indicando que ella reconocía su propia necesidad de un Salvador y que sabía que el Dios verdadero era su Salvador. María no se consideraba a sí misma como sin pecado, ni confió en sus propias buenas obras. Al contrario, ella empleó el típico lenguaje de alguien cuya única esperanza para la salvación era la gracia divina. La cualidad de María que sobresale en este pasaje es un profundo sentido de humildad.

¿Por qué incluyeron Mateo y Lucas genealogías tan largas en sus Evangelios?

Desde sus primeros tiempos como pueblo, los judíos consideraron a su ascendencia como algo importante. Ellos dividieron la tierra prometida en áreas tribales y, dentro de esas áreas, había ciudades que pertenecían a ciertas familias que allí poseían su tierra. Cada cincuenta años, las tierras revertían a los propietarios originales, por tanto las genealogías eran muy importantes.

Además, gracias a estos registros detallados, cada hombre podía identificar el lugar de procedencia de su padre y volver allí para cumplir con sus obligaciones oficiales, como el censo de César Aúgusto.

¿Por qué son diferentes las genealogías en Mateo y Lucas?

- Los escritores tenían dos objetivos diferentes. La genealogía de Lucas buscaba mostrar a Cristo como el Redentor de la humanidad, y se remonta hasta Adán (Lc. 3:23-28). El propósito de Mateo es bastante más específico: demostrar que Cristo es el Rey y Mesías de Israel (Mt. 1:1-17). Mateo cita más de sesenta veces los pasajes proféticos del Antiguo Testamento, enfatizando cómo en Cristo se cumplen todas aquellas promesas.

- Las dos genealogías toman diferentes puntos de vista del árbol genealógico de Jesús. Lucas va desde el presente al pasado, comenzando con el abuelo de Jesús y llegando hasta Adán y Dios. Mateo, sin embargo, se aproxima al tema de una manera diferente y va desde el pasado al presente, comenzando con Abraham y terminando con Jesús.

- En Mateo, la genealogía es paterna, desde Abraham, pasando por David hasta José, el padre terrenal de Jesús. En Lucas, la genealogía es materna, desde la madre de Jesús,

María; y el padre de María, Elí; pasando por David y terminando con Adán.

- En Mateo, la genealogía paterna de Jesús prueba que este procedía de David a través de Salomón. Esa prueba es verdadera aun cuando Jesús no fue el hijo humano de José. Como José se casó con María, la madre de Jesús, se convirtió en el padre legal de Jesús. Como resultado, Jesús recibió de José el completo derecho legal del trono de David.

- En Lucas, la genealogía materna de Jesús consolida aún más el derecho al trono de David al probar que por sus venas corría la sangre de David a través de su madre, María. Por lo tanto, de ambas maneras, Jesús era un descendiente genuino y legítimo del rey David.

- En resumen, el Mesías es rey legalmente por José y naturalmente por María. Sus credenciales escriturales son completas, claras e irrefutables. Desde cualquier perspectiva, podemos coronar a Jesús como Rey de reyes y Señor de señores.

¿Por qué es significativo que Jesús naciera en Belén?

Todo judío instruido en las Escrituras conocía ciertas aseveraciones sobre el Mesías que algún día vendría a la tierra. Sabía, por ejemplo, que vendría a través del linaje real de David y reinaría desde un trono en Jerusalén sobre el glorioso reino de Israel. Y el profeta Miqueas estableció algo sobre el Mesías que los judíos fieles sabían con certeza:

> Pero tú, Belén Efrata, pequeña para estar entre las familias de Judá, de ti me saldrá el que será Señor en Israel; y sus salidas son desde el principio, desde los días de la eternidad (Mi. 5:2).

Los romanos normalmente censaban a la gente en su lugar de residencia actual, en vez de hacerlos volver a su tierra natal o su lugar de origen. Pero, de acuerdo con la costumbre judía, María y José tuvieron que volver a Belén "por cuanto [José] era de la casa y familia de David" (Lc. 2:4).

Por tanto, cuando —de acuerdo con Lucas 2:1— "aconteció en aquellos días, que se promulgó un edicto de parte de Augusto César, que todo el mundo fuese empadronado", los padres de Jesús fueron guiados providencialmente para estar en Belén en el momento justo para cumplirse lo dicho en Miqueas 5:2. El viaje desde Nazaret a Belén, sin embargo, era un difícil camino de más de 110 km a través de un terreno montañoso; un viaje particularmente agotador para María, que estaba cerca de dar a luz.

¿Qué sabemos acerca del lugar donde María y José se alojaron en Belén?

En Lucas 2:7, la palabra griega para *mesón* no es el término usual para *mesón*. En cambio, Lucas usó una palabra que denota un lugar para alojar huéspedes. No era realmente un albergue para alojar y alimentar huéspedes; sino más bien como una zona para dormir de un refugio o campamento.

Normalmente, estos refugios tenían cuatro lados y dos niveles, donde la parte de arriba era como el altillo de un granero. Una parte del refugio pudo haber tenido puertas toscas para cerrarlo, si así se deseaba. Toda la estructura habría sido bastante primitiva, la clase de lugar donde los viajeros pasarían una o más noches en el altillo con sus animales abajo, en el área central, a salvo de robos, y donde también guardarían sus pertenencias.

¿Por qué nos dice Lucas que María tenía a Jesús "envuelto en pañales" (Lc. 2:12)?

La antigua costumbre era envolver los brazos, piernas y cuerpo del bebé con largas tiras de tela para darle calor y seguridad. Los padres de aquellos tiempos creían también que envolver al niño ayudaba a que sus huesos crecieran correctamente. Sin embargo, Lucas menciona este detalle para demostrar que María trataba a Jesús de la misma manera que otras madres trataban a los suyos. Físicamente, Jesús era como cualquier otro niño y sus padres lo trataban como tal. Dios no le proporcionó vestiduras reales ni ropas elegantes, simplemente guio a María y José a recibirlo como lo harían con cualquier otro niño amado. (La ausencia de pañales era una señal de pobreza o falta de cuidado paternal [Ez. 16:4]).

¿Dónde acostó María a su niño?

Una traducción más literal de la palabra griega *pesebre* es "comedero". Considerando eso, podemos deducir que José y María se quedaron en la zona del refugio donde acomodaban a los animales de los viajeros.

Cuando Cristo vino al mundo, lo hizo a un lugar incómodo, maloliente y sucio. Pero, eso forma parte de la maravilla de su gracia, ¿no es cierto? Cuando el Hijo de Dios vino desde el cielo, no se aferró al hecho de ser igual a Dios; más bien, apartó esa cualidad por un tiempo y se humilló completamente (Fil. 2:5-8).

Además, la imagen del pequeño Hijo de Dios tolerando el polvo y el hedor del establo es una adecuada metáfora para la escena posterior del Salvador cargando el hedor del pecado al morir en el Calvario. ¡Qué imagen más maravillosa!

¿No es raro que los pastores fueran los primeros en enterarse del nacimiento de Jesús?

La preferencia del Señor por los humildes es clara desde el principio de los Evangelios, reflejada por el hecho de que los ángeles llevaron las buenas noticias del nacimiento del Salvador a los pastores, algunos de los trabajadores más comunes y despreciados de la sociedad judía. Cuando Jesús vino, no fue en primer lugar a toda la gente de prestigio, influencia y peso, sino a los pobres y humildes, los mansos y afligidos —cualquiera que fuera marginado—, y los pastores encajaban en esa categoría.

¿Cómo eran considerados los pastores en aquel tiempo y lugar?

El pastoreo no era una profesión vergonzosa, solo una de condición humilde que incluía muchas tareas serviles. Fundamentalmente, los pastores eran una clase sencilla de trabajadores, con poca educación y bajos salarios. De hecho, dado que no se requerían grandes habilidades, a menudo se confiaba la tarea a los niños. En la escala social judía, sin embargo, los pastores eran la gente de menor jerarquía, porque tenían que cuidar de las ovejas siete días a la semana. Ese horario de trabajo no les permitía guardar el sábado a la manera que la ley de Moisés dictaba, y tampoco podían guardar la miríada de fastidiosas regulaciones hechas por los hombres que los fariseos habían añadido a la ley. Ese legalismo confundía a la mayoría de los judíos comunes y corrientes, y, ciertamente, los pastores tampoco podían seguir todas esas reglas. Por lo tanto, en mayor o menor grado, la gente veía a los pastores como marginados, porque violaban la ley religiosa. De hecho, a medida que el estricto legalismo de los fariseos crecía y permeaba más y más la sociedad judía, los pastores llegaron a ser más despreciados que nunca. En la mente de algunos, los pastores eran el estereotipo de los personajes deshonestos y dignos de poca confianza, culpables del robo de ovejas y muchas otras actividades ilegales.

¿Qué es lo significativo del anuncio del ángel: "Que os ha nacido hoy, en la ciudad de David, un Salvador que es CRISTO el Señor" (Lc. 2:11)?

Primero, llamar a Jesús el Cristo indica que es el Rey ungido de Dios. Él es el eterno Rey de reyes que se sentará en el trono de David y reinará por siempre. También, cuando el ángel llama "Señor" a Jesús, está usando una designación divina y proclamando que el niño de Belén era Dios. Decir que Jesús es Señor es afirmar que es, antes que nada, Dios. De hecho, es la confesión más fundamental y esencial de la fe cristiana. Es inequívoco que si una persona desea ser salva, debe hacer una confesión sincera y verbal de que Jesús es el Señor (Ro. 10:9).

Además, la expresión "Jesús es el Señor" implica toda la soberanía y autoridad asociadas con quién es Dios. Porque en el "Señor" de Lucas 2:11, el ángel usó la palabra griega *kurios,* que expresa una autoridad que es válida y legal. La autoridad legal suprema en el universo, por supuesto, es Dios. Por lo tanto, el ángel estaba diciendo que Jesús es legalmente Señor por ser quien es, el Hijo de Dios. Los traductores griegos del Antiguo Testamento y los escritores del Nuevo Testamento usaban *kurios* tan a menudo para referirse a Dios que el término llegó a ser sinónimo del nombre de Dios. Por lo tanto, cuando el ángel declaró que Jesús es el Señor, estaba declarando que era el verdadero Dios, que posee toda la autoridad y soberanía.

Si el anuncio del ángel fue más
significativo de lo que parece
a primera vista, ¿cuál es el
significado pleno de las palabras de
alabanza de las huestes celestiales:
"¡Gloria a Dios en las alturas, y en
la tierra paz, buena voluntad para
con los hombres!" (Lc. 2:14)?

Primero, "en la tierra paz" no se refiere a la
paz mental, el descanso de las preocupaciones o la ausencia de guerras. Los ángeles se referían a la paz con Dios que resulta de la salvación genuina. Puesto que su Hijo trajo reconciliación, ya no necesitamos ser enemigos de Dios. Los ángeles estaban alabando al Padre, dándole la gloria en los cielos por enviar a la tierra la salvación en la persona del Jesucristo.

La segunda frase: "buena voluntad para con los hombres", también merece ser comprendida adecuadamente. Por décadas, la gente ha usado esta frase fuera de contexto y la ha trivializado para desear buenos sentimientos en Navidad o palabras y actos amables hacia otros. Pero esto no es lo que los ángeles tenían en mente. La frase "buena voluntad para con los hombres" suena como que Dios otorgará paz espiritual a los que lo merecen o se lo han ganado. Pero una lectura alternativa aclara más el significado: "paz a los que gozan de su buena voluntad" (NVI). Los hombres y las mujeres no ganan la paz de Dios; Él se la da porque se agrada en hacerlo.

¿Qué es loable de la respuesta de los pastores a estas buenas noticias proclamadas desde los cielos?

Nadie tuvo que empujar a los pastores para responder adecuadamente a las palabras del ángel. Estuvieron de acuerdo en que nada los detendría de ir inmediatamente a encontrar al recién llegado Salvador: "Pasemos, pues, hasta Belén y veamos esto que ha sucedido, y que el Señor nos ha manifestado" (Lc. 2:15). Dado que Belén descansa sobre una colina, los pastores probablemente tuvieron que ascender los 3 km que van desde el campo a la ciudad. Por lo tanto, tan pronto como fue posible, salieron para "ver esto que [había] sucedido".

La palabra *esto* en este pasaje denota mucho más en griego de lo que lo hace en español. El término significa literalmente "palabra" o "realidad". Los pastores comprendieron que ellos habían recibido una palabra de parte de Dios, y la realidad de ello era que el Mesías había nacido aquel mismo día. Ellos podían confirmar esta realidad tangiblemente, porque el ángel les dio una señal por la que guiarse: un niño envuelto en pañales y acostado en un pesebre (Lc. 2:12). Los pastores habían visto y creído a los ángeles, que era una verificación suficiente de lo que había ocurrido, pero quisieron obtener una autentificación adicional al hallar al niño exactamente donde el primer ángel les había anunciado que estaría. Eso afirmaría su afán de fe y probaría que ellos eran partícipes de algo más que un simple acontecimiento terrenal.

Cuando los magos llegaron
al hogar de Jesús —un niño
pequeño en ese momento—,
llevaron regalos como un acto de
adoración. ¿Cuál es el significado
del oro, el incienso y la mirra?

Como una expresión de la adoración agradecida de los magos, "le ofrecieron presentes: oro, incienso y mirra" (Mt. 2:11). El *oro* siempre ha sido el símbolo universal de riqueza y valor material, y sigue siéndolo. También era un símbolo de nobleza y realeza, por lo que los magos daban apropiadamente a Cristo un regalo de oro que correspondería a un Rey. El *incienso* era una esencia muy costosa y fragante, usada solo para las ocasiones más especiales. Tradicionalmente, era la esencia ofrecida a la deidad. La *mirra* era un perfume valioso que, según algunos intérpretes, representaba el regalo para un mortal. Por lo tanto, su papel entre los regalos de los magos fue subrayar la humanidad de Cristo.

¿Por qué necesitaba ser circuncidado Jesús, el Hijo de Dios?

La circuncisión era necesaria porque Jesús necesitaba obedecer la ley de Dios en su totalidad y cumplir toda su justicia. Jesús sería un hombre en todos los sentidos y, de esa manera, cumpliría todos los requerimientos de la ley para el pueblo de Dios (Mt. 3:15). Incluso antes de que su Hijo pudiera cumplirlos conscientemente, Dios el Padre se aseguró de que los padres terrenales de Jesús cumplieran cada requerimiento del Antiguo Testamento para la vida del pequeño. La circuncisión de Jesús fue simplemente un adelanto de lo que Lucas previó cuando escribió: "Y Jesús crecía en sabiduría y en estatura, y en gracia para con Dios y los hombres" (Lc. 2:52).

¿Por qué José y María presentaron a Jesús en el templo?

Así como con la circuncisión y la purificación, José y María estaban obedeciendo la ley del Antiguo Testamento cuando presentaron a su Hijo a Dios: "Me darás el primogénito de tus hijos" (Éx. 22:29; también 13:2, 12, 15; Nm. 8:17). Para ellos no era obligatorio ir al templo a presentar a Jesús. Sin embargo, en el espíritu de cómo Ana llevó a Samuel al Señor (1 S. 1:24-28), José y María fueron más allá del deber normal y llevaron al Hijo de Dios al templo. Ellos sabían que el niño era muy especial y, que Él, de entre todos los niños, ya pertenecía al Señor. Por su acción, los padres de Jesús, en efecto, estaban diciendo: "Dedicamos este niño a ti, Dios. Ya es tuyo, por lo tanto, haz tu voluntad en su vida y así Él te sirva, honre y glorifique".

Esa presentación especial no significaba, sin embargo, que José y María dedicaran a Jesús al sacerdocio levítico. Ellos eran de la tribu de Judá y, por lo tanto, como todas las familias no levíticas y de acuerdo con la ley, necesitaban redimir a su Hijo de toda responsabilidad sacerdotal pagando cinco siclos de plata (Nm. 18:15-16). Eso habría sido equivalente a muchos días de salario, una cantidad muy difícil de pagar para una pareja de la clase trabajadora como José y María. Pero Dios se aseguró de que tuvieran las monedas necesarias.

Que Jesús el Redentor fuera ceremonialmente redimido es una interesante ironía y una realidad escritural importante. Así como su previa circuncisión y su posterior bautismo, Jesús no necesitaba pasar por ningún tipo de redención. Él era el Hijo de Dios sin pecado; no necesitaba ser limpiado de pecado o redimido de la condenación. Pero fue circuncidado, bautizado y "redimido" como parte de su presentación a Dios, porque tenía que obedecer la letra de la ley para cumplir toda justicia en nuestro favor.

Su juventud

¿Qué sabemos sobre la infancia de Jesús?

Lucas 2 presenta el único relato bíblico de la infancia de Jesús, y la escena revela un muchacho muy normal con padres reales. José y María viajaron con una gran caravana de amigos y parientes desde Nazaret para celebrar la Pascua en Jerusalén. Sin duda, cientos de personas de su comunidad fueron juntos a la fiesta. Los hombres y las mujeres en el grupo pudieron haber ido separados por alguna distancia, y parece que tanto José como María pensaron que Jesús estaba con el otro. La separación de Jesús de sus padres tenía su base en este simple malentendido. El relato del Evangelio de ninguna manera sugiere que Jesús era travieso o rebelde, simplemente estaba absorto en las actividades en el templo. El día que tenían que partir, los padres de Jesús estaban ocupados con los preparativos para el viaje de vuelta. Cuando partieron, Él se quedó, no por falta de respeto o desafío, sino porque (como todos los niños) estaba completamente absorto por algo que había cautivado su atención. Su verdadera humanidad nunca se muestra con mayor claridad que en este relato.

¿Por qué tardaron tanto José y María en darse cuenta de que su hijo había desaparecido?

Debido a que muchos peregrinos salían de Jerusalén durante esa semana, todos los caminos y posadas debieron haber estado atestados, y un gran número de personas de cada comunidad irían y volverían juntos a la fiesta. De una ciudad del tamaño de Nazaret, debió haber cien o más personas en el grupo de los padres de Jesús, algunos caminando y algunos montados sobre lentas bestias de carga. Un grupo tan grande probablemente se alargaría por un kilómetro y medio, y, generalmente, las mujeres viajaban en un grupo o varios grupos pequeños juntos, en vez de estar diseminadas entre los hombres. Por lo tanto, es fácil comprender cómo surgió esta confusión. María y José pensaban, sin duda, que Jesús estaba con el otro padre. Desde luego, Jesús no habría sido un niño propenso a las travesuras, por lo tanto, ninguno de sus padres pensó en investigar qué estaba haciendo hasta el final del primer día de viaje cuando, de repente, descubrieron que no estaba con el grupo.

¿Qué estaba sucediendo en el templo cuando los padres de Jesús lo encontraron?

Esta es una singular imagen de Jesús, sentado entre los principales rabinos de Israel, escuchándolos educadamente, haciendo preguntas y sorprendiéndolos con su comprensión y discernimiento. Siendo todavía un niño en todos los sentidos, Jesús ya era el más sorprendente estudiante que ellos hubieran tenido el privilegio de enseñar. Al parecer, Él había mantenido completamente ocupados a sus maestros por tres días y, cuando José y María finalmente entraron en escena, la atención de Jesús todavía estaba tan centrada en la lección que ni siquiera había pensado en buscarlos. Debido a que todavía era un niño —el niño perfecto—, resulta razonable asumir que Jesús mantenía el rol de un estudiante respetuoso.

No pensemos que Jesús estaba reprendiendo, desafiando o enseñando a esos rabinos. En realidad, Lucas parece incluir esta breve anécdota sobre la infancia de Jesús precisamente para enfatizar la completa humanidad de Cristo;

cómo "crecía en sabiduría y en estatura, y en gracia para con Dios y los hombres" (Lc. 2:52). Una vez más, Lucas está diciendo que cada aspecto del desarrollo de Jesús (intelectual, físico, espiritual y social) era normal, no extraordinario. Aun cuando Él era Dios encarnado, con todos los atributos de Dios en su ser infinito, Jesús sometió completamente el uso de esos atributos (como su divina omnisciencia) a la voluntad de su Padre. En consecuencia, hubo momentos cuando la omnisciencia de Jesús se puso de manifiesto (Mt. 9:4; Jn. 2:24). Otras veces, sin embargo, su conocimiento fue velado por su humanidad de acuerdo al propósito de su Padre (Mr. 13:32). En su encarnación, como Lucas explicó aquí, Jesús experimentó el proceso humano normal de crecimiento, incluyendo el desarrollo intelectual. Todo eso fue parte del plan perfecto del Padre para su Hijo.

De acuerdo con Lucas, Jesús escuchaba y hacía preguntas, y, lo que sorprendía a sus tutores, era su comprensión de la información que ellos le daban, así como sus respuestas (Lc. 2:47). Por lo tanto, obviamente los rabinos le hicieron preguntas y quedaron asombrados con su capacidad para concentrarse y para percibir la verdad espiritual.

Las preguntas que Jesús les hacía a aquellos rabinos eran parte de su proceso de aprendizaje, no una manera oculta de ponerles en evidencia.

Él realmente estaba aprendiendo de ellos y procesando lo que le enseñaban. Esta experiencia seguramente proporcionó a nuestro Señor los primeros pasos para entender cómo interpretaban las Escrituras y los detalles de su sistema religioso que más adelante denunciaría.

¿Qué sucedió cuando los padres de Jesús lo encontraron?

La lección de Jesús en el templo terminó de forma abrupta cuando José y María finalmente encontraron a su hijo. Su ansiedad y exasperación como padres son fáciles de comprender desde cualquier punto de vista: "Cuando le vieron, se sorprendieron; y le dijo su madre: Hijo, ¿por qué nos has hecho así? He aquí, tu padre y yo te hemos buscado con angustia" (Lc. 2:48).

Es probable que esta no fuera la primera vez —y ciertamente no sería la última— que los inocentes motivos de Jesús serían incomprendidos y malinterpretados. No debemos considerar su respuesta a José y María como una réplica insolente. Jesús estaba realmente sorprendido de que ellos no hubieran sabido exactamente dónde buscarlo. "Entonces él les dijo: ¿Por qué me buscabais? ¿No sabíais que en los negocios de mi Padre me es necesario estar?" (Lc. 2:49). María, por supuesto, se refería a José cuando le dijo "tu padre". Jesús, sin embargo, estaba llamando "mi Padre" a Dios. (Es evidente que Jesús ya tenía un claro sentido de quién era Él y dónde descansaba su verdadera responsabilidad). Pero, en ese momento, los padres de Jesús estaban tan abrumados por el alivio de haberlo encontrado, tan sorprendidos de verlo a los pies de esos prominentes rabinos, y tan fatigados por toda la prueba que "ellos no entendieron la palabras que les habló" (Lc. 2:50).

Lucas termina este singular vistazo a la infancia de Jesús con esta conclusión:

> Y descendió con ellos, y volvió a Nazaret, y estaba sujeto a ellos. Y su madre guardaba todas estas cosas en su corazón. Y Jesús crecía en sabiduría y en estatura, y en gracia para con Dios y los hombres (Lc. 2:51-52).

Este es el final de Lucas 2, y es un resumen perfecto de la niñez de Jesús.

Dado que Jesús es Dios, ¿por qué tenía que aprender algo?

En principio, no comprendemos fácilmente cómo Jesús, siendo Dios encarnado, con todos los atributos de su deidad, podía crecer en sabiduría o ganar el favor de Dios. Pero esta es una declaración sobre la humanidad de Jesús. Como Dios, por supuesto que Jesús es perfecto en todos los sentidos y, por lo tanto, inmutable eternamente (He. 13:8). La omnisciencia divina, por definición, no permite un incremento de la sabiduría. Pero en el conocimiento consciente de su mente humana, Jesús no siempre se aprovechó del conocimiento infinito que poseía como Dios. Él no perdió su omnisciencia ni dejó de ser Dios, sino que voluntariamente suspendió el uso de esa cualidad y, como muchacho, aprendió cosas de la misma manera en que lo hacían los demás niños.

Además, en su paso de la niñez a la edad adulta, Jesús ganó la admiración de otros y la aprobación de Dios por la manera en que vivió como un ser humano sujeto a la ley divina (Gá. 4:4). Por lo tanto, Lucas 2:52 no es una negación de la deidad de Jesús, sino una afirmación de su verdadera humanidad. El énfasis está sobre la normalidad de su desarrollo. En su progreso de la infancia a la madurez, Jesús soportó todo lo que cualquier otro niño experimentaría, excepto la culpa del pecado.

¿Por qué a veces vemos la omnisciencia de Jesús y otras no?

Jesús no dejó de ser Dios ni se desvistió de los atributos divinos a fin de convertirse en hombre. Más bien, asumió una naturaleza humana (una adición, no una substracción) y sometió el uso de sus atributos divinos a la voluntad del Padre (Fil. 2:5-8). Por lo tanto, hay veces cuando su omnisciencia se manifestaba (Mt. 9:4; Jn. 2:24-25; 4:17-18; 11:11-14; 16:30) y otras, cuando estaba velada por su humanidad, conforme a la voluntad del Padre (Mr. 13:32). Cristo estaba, por lo tanto, sujeto al proceso normal de crecimiento humano, en el ámbito intelectual, físico, espiritual y social.

¿Por qué necesitaba Jesús nacer de una virgen?

Sencillamente, si Jesús no hubiera sido tanto humano como divino, no habría evangelio. Es decir, si Jesús hubiera sido concebido por medios naturales, con José o cualquier otro como su padre, Él no habría sido Dios y, por lo tanto, no habría sido un verdadero Salvador de pecadores. Para que su vida concordara con lo que las Escrituras decían de Él, Jesús hubiera tenido que hacer falsas declaraciones sobre sí mismo, y respaldar falsas historias y engaños concernientes a la resurrección y ascensión. Al mismo tiempo, todos seguiríamos condenados eternamente por nuestros pecados no perdonados.

Lucas 2 es un relato clave del nacimiento de Jesús, pero ¿qué enseña el libro de Hebreos sobre el Dios-Hombre que nació en Belén?

La carta a los Hebreos, escrita alrededor del 67 al 69 d.C. por un autor no identificado, fue obviamente escrita a los judíos, en su mayoría verdaderos creyentes en Jesús. Su propósito fue mostrarles que Jesucristo es, en realidad, el cumplimiento de todas las profecías mesiánicas del Antiguo Testamento y que Él es superior a todas las imágenes, los tipos y las representaciones que lo precedieron. La epístola fue escrita para asegurarles a los judíos creyentes que su fe estaba correctamente depositada en Cristo y convencer a los judíos no creyentes que aceptar a Jesús era el compromiso correcto que debían hacer. Muchos en la comunidad estaban intelectualmente convencidos de que Jesús era el Mesías y Dios, pero no tenían una fe personal ni lo habían confesado públicamente como Señor. No querían ser marginados como lo habían sido sus amigos creyentes. Algunos habían sido expulsados de la sinagoga o marginados por sus familias, y otros habían perdido sus trabajos. El escritor afirma que el niño nacido en Belén es el Mesías y que Él es, en verdad, el Señor de un nuevo pacto, que es muy superior al antiguo pacto de Moisés.

¿Qué siete verdades sobre la preeminencia de Cristo se presentan en Hebreos 1:2-3?

La carta a los Hebreos se inicia con una perspicaz descripción divina de quién es realmente el niño nacido en Belén. Es probable que sea la declaración más concisa y completa en el Nuevo Testamento sobre la superioridad de Cristo:

> Dios, habiendo hablado muchas veces y de muchas maneras en otro tiempo a los padres por los profetas, en estos postreros días nos ha hablado por el Hijo, a quien constituyó heredero de todo, y por quien asimismo hizo el universo; el cual, siendo el resplandor de su gloria, y la imagen misma de su sustancia, y quien sustenta todas las cosas con la palabra de su poder, habiendo efectuado la purificación de nuestros pecados por medio de sí mismo, se sentó a la diestra de la Majestad en las alturas (He. 1:1-3).

Analicemos esto frase por frase:

- **Cristo es el heredero de todo.** Dios ha planeado que Jesús, al final, herede absolutamente todo. Este plan se adhiere a las leyes judías sobre la herencia que decían que el niño primogénito recibía la riqueza de los bienes de la familia.
- **Cristo es el agente de la creación.** La palabra griega traducida *universo* en Hebreos 1:2 no significa el mundo material, sino "las edades", como es usualmente traducida en otras partes. Cristo no solo creó el planeta Tierra sino también el tiempo, el espacio, la energía y toda la variedad de la materia. Sin esfuerzo, Él creó todo el universo y lo terminó como algo bueno.
- **Cristo posee el resplandor de la gloria de Dios.** *Resplandor,* que también puede traducirse *brillantez* y literalmente significa "emitir luz", indica que Jesús es la manifestación de Dios para nosotros. Así como los rayos del sol iluminan y calientan la tierra, Cristo es la gloriosa luz de Dios que brilla en los corazones de la gente.
- **Cristo es la esencia de Dios.** Jesús tiene todos los atributos que son indispensables para quien es Dios, como la inmutabilidad (invariabilidad), omnisciencia, omnipotencia y omnipresencia. Él es el sello o réplica de Dios. En palabras del Credo de Nicea: "Jesucristo es Dios verdadero de Dios verdadero".

- **Cristo tiene la autoridad final.** Cristo hace que el universo sea un cosmos en vez de un caos. Su infalibilidad asegura que el universo funcione como una unidad ordenada y confiable, en vez de una confusión errática e impredecible. Eso es así porque nuestro Señor ha elaborado e implementado la miríada de leyes naturales, tanto complejas como sencillas, que son todas perfectamente confiables, consistentes y precisamente adecuadas para sus propósitos particulares. Una y otra vez, estas leyes demuestran maravillosamente la mente y el poder de Jesucristo trabajando en el universo. Todo el universo depende de su poderoso brazo, su infinita sabiduría y su capacidad de controlar cada elemento y orquestar los movimientos de cada molécula, átomo y partícula subatómica.

- **Cristo borra nuestros pecados.** Los sacerdotes del Antiguo Testamento ofrecían sacrificios animales una y otra vez, pero ninguno podía borrar, en última instancia, los pecados del pueblo. Aquellos sacrificios repetidos solo apuntaban a la necesidad desesperada de un sacrificio de una vez y para siempre que pudiera finalmente quitar los pecados. Y Dios proveyó ese sacrificio en la persona de Jesucristo. Este sacrificio final del nuevo pacto tenía que ser un sustituto perfecto y sin pecado. Para pagar el precio del pecado por otros, esa persona tenía que ser perfecta, o hubiera tenido que pagar el precio por sus propios pecados. Y, dado que nadie en el mundo está sin pecado, el sustituto tenía que ser alguien de fuera del mundo. No obstante, necesitaba ser un hombre para morir en lugar del hombre y la mujer. Por supuesto, la única persona que cumplía esos requisitos era Jesucristo. Él era el hombre sin pecado que podía ser el sustituto perfecto para los pecadores. De una vez y para siempre, Cristo pagó el precio por los pecados de todo aquel que cree en Él.

- **Cristo es exaltado en los cielos.** Cuando Jesús subió al cielo, hizo lo que ningún sacerdote del Antiguo Testamento había hecho nunca: se sentó. Los sacerdotes nunca se sentaban mientras ministraban, porque su tarea nunca estaba terminada. Pero la obra de Cristo ya estaba hecha; Él había cumplido la obra de redención en la cruz y, por lo tanto, era apropiado que se sentara. Él permanece a la derecha del trono de Dios como el gran Sumo Sacerdote e intercesor de los creyentes (He. 7:25; 9:24).

¿Por qué es valioso leer Hebreos 1 conjuntamente con Lucas 2?

Un análisis de Hebreos 1:1-14 es una conclusión adecuada para un debate sobre el nacimiento de Cristo, pues nos asegura que, cuando consideremos el niño en el mesón de Belén, no veamos simplemente a un adorable niño que crecería para ser un buen maestro y un compasivo sanador. El pasaje apunta más allá, hacia una comprensión exacta de la persona y obra de Cristo. El escritor, mediante una cuidadosa argumentación inspirada por el Espíritu, declara irrefutablemente que el niño nacido de María, en realidad, era Dios en el pesebre. Él era el verdadero Hijo de Dios, milagrosamente concebido por el Espíritu Santo, aunque nacido de forma natural de una mujer en Israel. Y, sin duda, Él era el Señor y Salvador que vivió una vida perfecta y murió como un sacrificio perfecto, a fin de que el que crea en Él pueda tener vida eterna.

Jesús: Sus obras y sus palabras

Así como la mano de Dios fue clara en los milagros que rodearon el nacimiento de Jesús —su concepción, su nacimiento en Belén, la aparición del ángel y las huestes celestiales, los pastores como los primeros en conocer la llegada del Mesías a este oscuro planeta—, el poder de Dios se hizo evidente en las obras y palabras de Jesús a lo largo de su ministerio sobre la tierra. Sin embargo, sus milagros y enseñanzas no solo generaron amor y devoción, sino también odio y desprecio.

Preparación del camino

Dios envió a Juan el Bautista a preparar el camino para Jesús. ¿Cuál fue el mensaje de Juan?

La predicación de Juan puede ser resumida con: "Arrepentíos, porque el reino de los cielos se ha acercado" (Mt. 3:2). Y la gente respondió a este llamado: "Y salía a él Jerusalén, y toda Judea, y toda la provincia alrededor del Jordán, y eran bautizados por él en el Jordán, confesando sus pecados" (Mt. 3:5-6). Juan habló del arrepentimiento como un alejamiento radical del pecado que, inevitablemente, llegaba a manifestarse en el fruto de justicia.

¿Por qué Jesús tuvo que ser bautizado por Juan (Mt. 3:13-17)?

Mediante su bautismo, Cristo se identificó con los pecadores porque Él, al final, cargaría con nuestros pecados; su justicia perfecta sería imputada a nosotros (2 Co. 5:21). El acto del bautismo fue una parte necesaria de la justicia que Él aseguró para los pecadores. Este primer evento público del ministerio de Jesús es rico en significado: (1) representa su muerte y resurrección; (2) prefigura la importancia del bautismo cristiano; (3) señala la primera identificación pública de Jesús con aquellos cuyos pecados cargaría; y (4) afirma públicamente su condición de Mesías por el testimonio directo desde el cielo (véase p. 50).

¿Qué confirmación presenció Juan de que Jesús era el Mesías?

Según Mateo, "los cielos le fueron abiertos, y vio al Espíritu de Dios que descendía como paloma, y venía sobre él. Y hubo una voz de los cielos, que decía: Este es mi Hijo amado, en quien tengo complacencia" (Mt. 3:16-17). Aquí fueron claramente expresadas las tres personas de la Trinidad. La declaración de amor del Padre por su Hijo, y el poder del Espíritu inauguraron oficialmente el ministerio de Cristo.

¿Por qué más tarde Juan estaba confundido por el ministerio de Jesús?

Juan estaba comprensiblemente confundido por el curso de los eventos. Él estaba preso mientras que Cristo llevaba adelante un ministerio de sanidad, no de juicio, en Galilea, lejos de Jerusalén, la ciudad del rey, sin encontrar allí un cálido recibimiento. Juan se preguntaba si él habría malentendido las motivaciones de Jesús. Sin embargo, sería un error interpretar esto como una vacilación de su fe.

Los milagros

La sanación del leproso

Tres Evangelios relatan la historia de Jesús sanando a un leproso (Mt. 8:2; Mr. 1:40; Lc. 5:12). ¿Por qué fue importante la sanación de esta particular enfermedad?

La sanación del leproso enfatiza el poder milagroso de Jesús sobre la enfermedad, porque la lepra era una de las enfermedades más temidas de la antigüedad. Los leprosos eran considerados ceremonialmente impuros y eran marginados de la sociedad (Lv. 13:11). Mientras que el término del Antiguo Testamento para la lepra incluye otras enfermedades de la piel, este hombre tenía la lepra verdadera (la enfermedad de Hansen) porque, de otra manera, su cura no hubiera causado tanta sensación (Mr. 1:45).

¿Qué hace que este relato de Marcos de la purificación de un leproso sea distinto a otros?

Solo Marcos registra la reacción emocional de Jesús al ruego desesperado del leproso: "Jesús, teniendo misericordia de él, extendió la mano y le tocó" (Mr. 1:41). A diferencia de los rabinos, que evitaban a los leprosos para no quedar ceremonialmente contaminados, Jesús expresó su compasión con un gesto físico.

¿Por qué le ordenó Jesús al leproso "muéstrate al sacerdote" (Mr. 1:44)?

El sacerdote era el que estaba de servicio en el templo. Jesús le ordenó al leproso sanado que observara las regulaciones del Antiguo Testamento concernientes a los leprosos limpiados (Lv. 14:1-32). Hasta que no hiciera las ofrendas requeridas, el hombre permanecía ceremonialmente impuro. La aceptación del sacerdote de la ofrenda del hombre sería la confirmación pública de la cura y la limpieza.

¿Por qué no quería Jesús que se extendiera la noticia de estas sanaciones?

Cuando Jesús sanó al leproso, dijo específicamente: "No digas a nadie nada" (Mr. 1:44). Jesús sabía que la publicidad resultante obstaculizaría su capacidad para ministrar y desviaría la atención de su mensaje, y eso fue exactamente lo que pasó. (Solo Marcos registra la desobediencia del leproso, aunque Lucas la insinúa [Lc. 5:15]). El resultado de la desobediencia del leproso fue que Jesús ya no podía entrar en una ciudad sin ser acosado por los que buscaban ser curados de sus enfermedades, y el ministerio de enseñanza de Jesús en aquella región se detuvo (Mr. 1:45).

Una pesca sorprendente

¿Qué sucedió una mañana cuando Jesús, el carpintero, enseñó a sus discípulos, que eran pescadores, sobre la pesca (Lc. 5:1-11)?

Aquella mañana, Jesús dio la orden de soltar las redes otra vez, y Simón le respondió: "Maestro, toda la noche hemos estado trabajando, y nada hemos pescado; mas en tu palabra echaré la red. Y habiéndolo hecho, encerraron gran cantidad de peces, y su red se rompía. Entonces hicieron señas a los compañeros que estaban en la otra barca, para que viniesen a ayudarles; y vinieron, y llenaron ambas barcas, de tal manera que se hundían" (Lc. 5:5-7). La extraordinaria pesca fue claramente un milagro que asombró a todos los pescadores en Capernaum. Simón Pedro se dio cuenta en seguida de que estaba en la presencia del Santo de Dios, que ejercía su divino poder, y fue impactado por la vergüenza de su propio pecado.

Jesús calma la tempestad

¿Qué tipo de tormenta calmó Jesús (Mt. 8:23; Mr. 4:35; Lc. 8:22)?

Jesús y sus discípulos estaban en la costa occidental del Mar de Galilea. En busca de un breve respiro para escapar de las multitudes, Jesús quería ir a la costa oriental, que no tenía grandes ciudades y, por lo tanto, menos gente. Los vientos eran usuales en aquel lago que está unos 230 metros bajo el nivel del mar y rodeado por colinas. La palabra griega para *tempestad* puede también significar "torbellino". En este caso, fue una tempestad tan severa que tenía las características de un huracán.

¿Cuál fue la reacción de los discípulos a la tempestad y a la capacidad de Jesús de calmarla?

Los mismos discípulos, que estaban acostumbrados a estar en el lago con viento, pensaron que la tempestad los hundiría. Aun así, Jesús estaba tan exhausto de sanar y predicar todo el día que, aun en medio de la tempestad, no podían despertarlo. Las tempestades suelen aplacarse gradualmente, pero, cuando el Creador dio la orden, los elementos naturales de esta tempestad cesaron de inmediato. Al calmar la tempestad, Jesús demostró su poder ilimitado sobre el mundo natural. En ese instante, los discípulos dejaron de tener miedo de ser heridos por la tempestad, y respondieron con reverencia ante el poder sobrenatural manifestado por Jesús. Lo único más aterrador que tener una tempestad *fuera* de la barca era ¡tener a Dios *en* la barca!

El paralítico en el estanque de Betesda

Solo Juan relata la sanación de este paralítico por parte de Jesús (Jn. 5:1-15). ¿Por qué se incluye este relato en las Escrituras?

Si tenemos en cuenta todo el ministerio de Jesús, esta podría parecer una sanación realmente insignificante. No la acompañó ningún sermón ni discurso público. Jesús simplemente habló privada y muy brevemente con este hombre enfermo en un contexto tan abarrotado de gente que pocos, si acaso alguno, se dieron cuenta. No hubo un anuncio previo de la sanación, y la descripción de Juan del incidente no nos da razón para pensar que la sanación del hombre resultó en algún espectáculo público. Jesús había sanado antes a un sinnúmero de personas y, por lo tanto, todo sobre este incidente fue más o menos rutinario para el ministerio de Jesús, excepto por un detalle. Juan acaba el versículo 9 remarcando: "Y era día de reposo aquel día" (para una discusión más completa, véase la siguiente pregunta).

¿Por qué este detalle —"Y era día de reposo aquel día"— es importante?

A primera vista, esa afirmación puede parecer de poca importancia. Pero, en realidad, es el punto de inflexión de la narrativa, provocando un conflicto que marcaría otra escalada de hostilidad entre Jesús y los líderes religiosos principales de Israel. Al final de ese día, su desprecio por Él se intensificó hasta un nivel de puro odio y, a partir de ese momento, decidieron no descansar —ni permitir que Él descansara— hasta eliminarlo completamente.

Recuerda que los asuntos relacionados con la observación del sábado eran de suma importancia para los fariseos. Jesús sabía muy bien que eran fanáticos sobre el tema. Habían inventado toda clase de restricciones para el día de reposo, añadiendo a la ley de Moisés sus propias reglas muy estrictas en nombre de la tradición. Consideraban sus costumbres hechas por hombres, como leyes obligatorias, iguales en autoridad a la Palabra revelada de Dios. Los fariseos hicieron lo mismo con todos los preceptos de la ley ceremonial, yendo mucho más allá de lo que las Escrituras requerían. Hicieron cada ritual tan elaborado y cada ordenanza tan restrictiva como era posible. Creían que ese era el camino a una mayor santidad.

El paralítico bajado a través del tejado

Cuando los amigos del paralítico lo bajaron a través del techo hasta los pies de Jesús, este no comentó sobre lo obvio: el techo o la parálisis. ¿Por qué Jesús abordó primero los pecados del hombre?

Cristo, en primer lugar, abordó la necesidad más grande del hombre: "Hombre, tus pecados te son perdonados" (Lc. 5:20). Al hacer eso, Jesús hizo algo que solo Dios podía hacer, y la sanación del paralítico era prueba de que Él tenía la autoridad para perdonar pecados así como para sanar enfermedades y dolencias físicas. La capacidad de Jesús para sanar a cualquiera y a todos a voluntad —total e inmediatamente (Lc. 5:25)— era una prueba indiscutible de su deidad. Como Dios, Jesús tenía toda la autoridad para perdonar pecados. Este momento decisivo debería haber terminado con la oposición de los fariseos de una vez y para siempre, pero ellos trataron de desacreditar a Jesús acusándolo de violar las reglas del sábado. Esta respuesta es curiosamente evasiva, no vacía de admiración y asombro, pero, en última instancia, vacía de fe.

Jesús resucitó a su amigo
Lázaro de entre los muertos.
¿Qué importancia tuvieron las
palabras de Marta, hermana de
Lázaro, mientras su hermano
todavía yacía en la tumba?

Cuando oyó las noticias de la muerte de su amigo, Jesús demoró su partida hacia la tumba. (La demora de cuatro días aseguraba que nadie pudiera malinterpretar el milagro como si fuera un fraude o una simple reanimación). Cuando llegó Jesús, Marta le dijo: "Señor, si hubieses estado aquí, mi hermano no habría muerto. Mas también sé ahora que todo lo que pidas a Dios, Dios te lo dará" (Jn. 11:21-22). Las palabras de Marta no eran un reproche a Jesús, sino un testimonio de su confianza hacia su poder sanador. Marta no estaba diciendo que ella creía que Jesús podía resucitar a Lázaro de entre los muertos, sino que ella sabía que Él tenía una relación especial con Dios y que sus oraciones podrían sacar algo bueno de aquella triste historia.

Con este milagro, Jesús demostró ser realmente el Mesías y el Hijo de Dios, tal como lo afirmaba. No hay resurrección ni vida eterna fuera del Hijo de Dios. El tiempo no es una barrera para Aquel que tiene el poder de la resurrección y la vida, porque puede dar vida en todo momento.

La alimentación de los cinco mil

¿Qué milagro es el único que se registra en cada uno de los cuatro Evangelios?

La historia de la alimentación de los cinco mil es el único milagro que está registrado en los cuatro Evangelios. El relato de Juan de este milagro enfatiza el poder creativo de Cristo y decisivamente sostiene la meta de Juan de demostrar la deidad de Jesús (Jn. 6:1-14). Consideremos algunos detalles: el número de hombres era cinco mil, sin incluir mujeres y niños que probablemente llevaría el total a alrededor de veinte mil personas. "Ovejas que no tenían pastor" (Mr. 6:34) es una imagen del Antiguo Testamento usada para describir a la gente indefensa y hambrienta, sin liderazgo espiritual ni protección, y expuesta a los peligros del pecado y la destrucción espiritual. Los discípulos preguntaron a Jesús: "¿Que vayamos y compremos pan por doscientos denarios, y les demos de comer?" (Mr. 6:37). Un denario era la paga de un día de trabajo de un jornalero. Doscientos denarios equivaldrían, por lo tanto, a la paga de ocho meses de trabajo; una cifra muy por encima de los recursos de los discípulos.

¿Cuál fue la respuesta de la multitud a la provisión milagrosa de Jesús para sus estómagos vacíos?

Estas personas deseaban un Mesías que satisficiera sus necesidades físicas, en vez de espirituales. Ellos querían un Mesías terrenal y político para suplir sus necesidades y liberarlos de la opresión romana. Su reacción es típica de muchos que quieren un "Cristo" que no les hace demandas, sino que está ahí para atender sus pedidos personales egoístas. "Danos siempre este pan" (Jn. 6:34) implica que la gente quería que Jesús proveyera comida del cielo cada día a partir de ese momento, como un genio que mágicamente les otorgara cualquier deseo que se les antojara. Después de todo, ellos sugerían, eso es muy parecido a lo que Moisés hizo por los israelitas en el desierto: el maná llegaba cada día. Básicamente, esta gente querían hacer un trato con Jesús: ellos creerían en Él, si Él estuviera de acuerdo en hacer comida para ellos a partir de ese momento, todas las veces que ellos se lo pidieran.

¿Cuál fue la respuesta de Jesús a su propuesta?

La alimentación de Jesús de los cinco mil preparó el contexto para lo que llegó a ser conocido como el discurso del "Pan de vida". Jesús les dijo: "Yo soy el pan de vida; el que a mí viene, nunca tendrá hambre" (Jn. 6:35). Si las multitudes hubieran mostrado el más mínimo interés en escuchar la verdad, habrían pedido una explicación a lo que no comprendieron. En cambio, "los judíos contendían entre sí, diciendo: ¿Cómo puede éste darnos a comer su carne?" (Jn. 6:52). (A menudo Juan usaba la expresión "los judíos" para señalar a los líderes religiosos hostiles. Al parecer, ellos estaban al frente de la multitud). Sin embargo, Jesús no les dijo en ese momento: "No, ustedes no me han entendido. Déjenme que les explique lo que quiero decir". Ellos no habían mostrado ningún interés en comprender a Jesús, por lo tanto, Él persistió en su difícil analogía.

¿Por qué se mostraron
entusiasmados los discípulos
cuando Jesús comenzó a hacer
milagros, como estos pocos
que hemos comentado?

Cuando Jesús comenzó a hacer milagros, los discípulos debieron estar eufóricos. ¡Ahí estaba la prueba innegable de que Jesús era el verdadero Mesías! Ellos creían que cuando el Mesías viniera, rápidamente tomaría el control de todos los reinos terrenales y establecería el gobierno milenial mundial, con Israel como asiento de ese reino. A decir verdad, los discípulos mantenían esa expectación aun después de la resurrección, prácticamente hasta la ascensión de Cristo (Hch. 1:6).

Además de los milagros que hizo, Jesús atrajo la atención sobre sí mismo cuando volcó las mesas de los cambistas en el templo. ¿Por qué hizo eso?

Ovejas balando, bueyes berreando, comerciantes regateando y peregrinos indignados, todos alzaban sus voces en medio de emanaciones de estiércol de aquellos animales. El templo era un enjambre de ruidos, disonancia, suciedad y confusión. Ciertamente, no era el mejor lugar para la adoración. Era un caos carnal, y la primera imagen que recibían los peregrinos que llegaban al monte del templo. La respuesta de Jesús, en realidad, refleja un sorprendente grado de paciencia y deliberación. Él, con cuidado y minuciosidad, trenzó algunas cuerdas para hacer un látigo o un flagelo. Seguramente, habría cuerdas en abundancia, tiras baratas usadas para atar los animales. Usó, pues, las herramientas del injusto comercio de los pecadores para medir la justicia contra ellos.

¿Cómo se manejó Jesús
en la refriega?

Cuando Jesús volcó las mesas de los cambistas y tiró sus monedas al suelo, hubo, seguramente, un gran tumulto alrededor. Pero en medio de todo eso, Jesús parece estar sereno; fiero en su ira, quizá, pero resoluto, firme, impasible y con absoluta tranquilidad. Jesús es un ejemplo claro del autocontrol. (Él muestra una indignación justa en verdad, no un temperamento violento e incontrolable). Los comerciantes y los cambistas, por el contrario, se levantaron para pelear. La determinación y el poder de Jesús eran impresionantes y, sin duda, increíblemente intimidantes. Su ira es evidente; su celo es grande e imponente; y la fuerza de la autoridad divina en sus palabras es inconfundible.

Jesús no vaciló en enfrentarse a los judíos por su conducta en el templo. ¿Qué hizo Jesús en respuesta a la manera en que observaban el día de reposo?

El conflicto principal sobre el sábado estalló a raíz de una tranquila sanación que tuvo lugar en sábado en el estanque de Betesda. Tan pronto como el hombre sanado levantó su camilla (por primera vez en treinta y ocho años) y comenzó a alejarse, se encontró con algunos líderes religiosos que lo acusaban de quebrantar el sábado. Antes de terminar el día, Jesús justificó su incumplimiento de las restricciones de los fariseos para el sábado diciendo que Él era el Hijo de Dios y, por lo tanto, perfectamente libre de hacer lo que Dios mismo hace en el día de reposo.

¿Por qué eran tan inflexibles los fariseos sobre cómo debía ser observado el sábado?

El legalismo sumamente estricto se había convertido en el emblema cultural de la vida y la religión en Israel. Jesús, sin embargo, rechazaba inclinarse ante las reglas de los fariseos hechas por hombres. Él quebrantó los sábados de forma abierta, repetida y deliberada. Él enseñó que "el día de reposo fue hecho por causa del hombre, y no el hombre por causa del día del reposo" (Mr. 2:27). Jesús, con sencillez, les dijo: "Mi Padre hasta ahora trabaja, y yo trabajo" (Jn. 5:17) En otras palabras, Dios mismo no está obligado por ninguna de las restricciones del sábado. Él continúa sus labores día y noche (Sal. 121:4; Is. 27:3). Jesús reclamaba la misma prerrogativa para Él mismo. Eso era equivalente a decir que Él era Señor del sábado. Ciertamente, ese era un reclamo que solo el Dios encarnado podía hacer con toda justicia. Los líderes religiosos captaron el mensaje con inmediatez, y se irritaron mucho: "Por esto los judíos aun más procuraban matarle, porque no solo quebrantaba el día de reposo, sino que también decía que Dios era su propio Padre, haciéndose igual a Dios" (Jn. 5:18).

Las enseñanzas

En Mateo 5:3-13, Jesús empezó
su Sermón del Monte con lo
que llegaría a conocerse como
las Bienaventuranzas. ¿De qué
tratan las Bienaventuranzas?

Bienaventurados literalmente significa "feliz,
afortunado, dichoso". Aquí se refiere a algo
más que a una emoción superficial. Jesús describe
el bienestar divinamente otorgado solo a los fieles. Las Bienaventuranzas muestran el camino a
la bendición celestial. En otras palabras, las ocho
Bienaventuranzas del relato de Mateo describen
juntas la verdadera naturaleza de la fe:

- Primero, "los pobres en espíritu" (Mt. 5:3)
  son aquellos que reconocen que no tienen
  recursos espirituales propios.
- "Los que lloran" (Mt. 5:4) son los arrepentidos que están verdaderamente tristes por su
  pecado.

- "Los mansos" (Mt. 5:5) son aquellos que realmente temen a Dios y conocen su indignidad a la luz de la santidad de Dios.
- "Los que tienen hambre y sed de justicia" (Mt. 5:6) son los que, habiendo dejado atrás su pecado, anhelan lo que Dios ama.

Estas cuatro Bienaventuranzas son cualidades internas de la fe auténtica y describen el estado del corazón del creyente. Más específicamente, describen cómo el creyente se ve a sí mismo delante de Dios: pobre, triste, manso y hambriento.

Las cuatro Bienaventuranzas finales describen las manifestaciones externas de aquellas cualidades. Se centran principalmente en el carácter moral del creyente y describen cómo debe lucir un cristiano auténtico para un observador objetivo:

- "Los misericordiosos" (Mt. 5:7) son los que, como beneficiarios de la gracia de Dios, extienden gracia a otros.
- "Los de limpio corazón" (Mt. 5:8) describe a las personas cuyos pensamientos y acciones están caracterizados por la santidad.
- "Los pacificadores" (Mt. 5:9) habla principalmente de quienes difunden el mensaje de "paz para con Dios por medio de nuestro Señor Jesucristo" (Ro. 5:1), la única paz verdadera y duradera.

- Y obviamente, "los que padecen persecución por causa de la justicia" (Mt. 5:10) son los ciudadanos del reino de Cristo que sufren debido a su afiliación con Él y su fidelidad a Él. El mundo los odia porque lo odia a Él (Jn. 15:18; 1 Jn. 3:1, 13).

El orden es significativo. Cuanto más fielmente viva una persona las primeras siete Bienaventuranzas, más experimentará la persecución de la que habla la octava.

¿Qué era inquietante, si no radical, sobre las Bienaventuranzas de Jesús?

Cada una de estas ocho cualidades está radicalmente en desacuerdo con los valores del mundo. El mundo estima el orgullo más que la humildad; ama la alegría más que la tristeza; piensa que la asertividad agresiva es superior a la verdadera mansedumbre; y prefiere satisfacer los placeres carnales antes que la sed por la verdadera justicia. El mundo mira con total desprecio a la santidad y pureza de corazón, desdeña todo motivo para hacer las paces con Dios, y siempre persigue al verdaderamente justo. Jesús difícilmente podría haber elaborado una lista de virtudes más en desacuerdo con su cultura… o con la nuestra.

¿Por qué las Bienaventuranzas molestaron a los fariseos, los principales líderes religiosos en los tiempos de Jesús?

En el Sermón del Monte —que empieza con las Bienaventuranzas—, Jesús nos dio el punto de partida para imitar a Dios. Necesitamos lamentarnos por nuestro pecado con un espíritu quebrantado y contrito. Cuando estemos abrumados por nuestra pecaminosidad, tendremos hambre y sed de justicia. Por lo tanto, hay una paradoja: debemos ser como Dios, sin embargo, debemos saber que no podemos ser como Dios por nuestros propios medios.

No obstante, la autosuficiencia espiritual definía todo el sistema de los fariseos. Ellos no reconocían su propio pecado, muchos menos lamentarse por él. Lejos de ser mansos, ellos eran la propia encarnación de la obstinación, el autoritarismo y la autoafirmación. No tenían hambre y sed de justicia; en realidad pensaban que la habían perfeccionado. No eran misericordiosos, sino especialistas en atar "cargas pesadas y difíciles de llevar, y [ponerlas] sobre los hombros de los hombres; pero ellos ni con un dedo [querían] moverlas" (Mt. 23:4). Sus corazones eran impuros, y Jesús los confrontaba sobre eso con regularidad (Mt. 23:27). Ellos eran alborotadores espirituales, no pacificadores. Y, sobre todo, eran los perseguidores por excelencia de los justos. Con total claridad, las Bienaventuranzas eran un reproche a todo el sistema de los fariseos.

Jesús deliberadamente establece su descripción de la auténtica justicia contra la religión de los fariseos. El Sermón apuntaba de lleno a ellos y su singular estilo de hipocresía. Jesús también atacó su método de interpretar las Escrituras, sus medios de aplicar la ley, sus nociones de culpa y mérito, y su amor por las sutilezas morales y doctrinales.

¿Por qué dijo Jesús una y otra vez en el Sermón del Monte: "Oísteis que fue dicho a los antiguos… pero yo os digo" (Mt. 5:21-22)?

Debemos entender el Sermón del Monte como la exposición de Jesús de la ley del Antiguo Testamento, no como una norma moral totalmente diferente. Él simplemente estaba refutando la enseñanza errónea de los fariseos sobre los preceptos morales de la ley. Jesús comunicaba el significado completo y verdadero de la ley como fue originalmente pensada, y, en especial, en contraste con el acercamiento limitado, estrecho y demasiado literal de los fariseos. La hermenéutica de ellos (su método para interpretar las Escrituras) los llevaba a pasar horas exponiendo los finos e invisibles puntos de la ley, mientras inventaban retorcidas técnicas y vueltas para hacer excepciones de algunos de los más importantes preceptos morales de la ley.

¿Cuál es un ejemplo de Jesús que revela el significado completo y verdadero de la ley?

Jesús, por ejemplo, presenta el tema de la regla del Antiguo Testamento "ojo por ojo, diente por diente" (Éx. 21:24-25). Este principio fue designado para penas limitadas, evaluadas en tribunales civiles o criminales. Nunca tuvo la intención de autorizar represalias privadas por insultos menores e infracciones personales. Fue un principio que mantenía el sistema legal bajo control, no una regla designada para permitir que un vecino fuera contra otro en una serie de ataques y contraataques recíprocos. Pero los fariseos lo habían convertido en eso. La venganza personal envenenaba la atmósfera social en Israel, y los líderes religiosos la justificaban apelando a la ley de Moisés. Jesús dijo que eso era una mala interpretación y abuso total de la ley de Moisés.

¿Qué quiso decir Jesús exactamente cuando concluyó esta sección del Sermón del Monte con: "Sed, pues, vosotros perfectos, como vuestro Padre que está en los cielos es perfecto" (Mt. 5:48)?

La ley misma demanda perfección (Lv. 19:2; 20:26; Dt. 18:13; 27:26; Stg. 2:10). Obviamente, Cristo estableció una norma inalcanzable. Si bien esta norma es imposible de lograr para los pecadores caídos, Dios no podía minimizarla sin comprometer su propia perfección. Él, que es perfecto, no podía establecer una norma imperfecta de justicia. Dado que ningún pecador puede alcanzar esa norma, dependemos de la gracia para la salvación. Nuestra propia justicia nunca puede ser suficientemente buena (Fil. 3:4-9); necesitamos desesperadamente la perfecta justicia de Jesucristo que Dios imputa a aquellos que creen (Ro. 4:1-8). Esa es la maravillosa verdad del evangelio: Cristo ha cumplido la norma en nuestro favor.

¿Comprendieron los fariseos el llamado de Jesús a la perfección?

Los fariseos creían que su mejor esfuerzo sería suficiente para Dios, y, en especial, si adornaban su religión con tantas ceremonias y rituales elaborados con tanto cuidado como fuera posible. Allí descansaba toda su confianza y toda su esperanza para ir al cielo. Por supuesto, ellos reconocían formalmente que también eran imperfectos, pero minimizaban sus propias imperfecciones y las cubrían con exhibiciones públicas de piedad. Estaban convencidos de que eso sería suficiente para Dios, principalmente porque eso los hacía parecer mucho mejor que los demás.

Aun así, cualquier fariseo que escuchaba el Sermón del Monte hubiera comprendido el mensaje de Jesús con suficiente claridad: la justicia de ellos, con todo su énfasis en la pompa y la circuncisión, simplemente no podía cumplir la norma divina. En realidad, ellos no eran mejores que los publicanos. Y Dios no aceptaría su justicia imperfecta. Jesús les comunicó eso de manera clara.

¿Se dirigió Jesús de manera específica a la práctica inútil de los fariseos de su religión hecha por hombres?

Casi todo Mateo 6 continúa con una crítica tipo martilleo, punto por punto, de las características más visibles del fariseísmo. Jesús contrastaba el exhibicionismo religioso de los fariseos con la fe auténtica que Él había descrito en las Bienaventuranzas. La fe tiene su impacto principal en el corazón del creyente. La religión de los fariseos, por el contrario, era de apariencias, "para ser vistos" por otros (Mt. 6:1). La verdadera fe salvadora inevitablemente produce buenas obras, porque se expresa a sí misma en amor (Gá. 5:6); pero las exhibiciones superficiales de "caridad" de la religión basada en obras no son ni siquiera caritativas. Puesto que la religión farisaica es motivada principalmente por la alabanza de los hombres, busca exhibirse y se convierte en la antítesis de la auténtica caridad.

Además de su enseñanza sobre el sábado, ¿a qué prácticas específicas de los fariseos se refirió Jesús?

Jesús reprendió la hipocresía de las *oraciones largas y en voz alta* (una especialidad de los fariseos) diciendo, nuevamente, que la atención terrenal que tales prácticas obtienen es su única recompensa (Mt. 6:5). Y, en respuesta, Jesús dio el modelo de oración que se conoce como el Padrenuestro. Se distingue del estilo de oración de los fariseos por su brevedad, sencillez y por dirigirse directamente a Dios.

Jesús también comentó sobre el *ayuno* de los fariseos, que era una farsa, un fino barniz que no llegaba a cubrir sus motivos totalmente egoístas. El ayuno legítimo busca ayudarnos a dejar de lado las preocupaciones mundanas a fin de enfocarnos en la oración y las cosas espirituales. Los fariseos, en cambio, habían convertido su ayuno en otro medio de exhibir su piedad en público, probando una vez más que no tenían ni la más mínima preocupación por las cosas celestiales. De lo que realmente se preocupaban era del aplauso del mundo. Su ayuno atraía la atención sobre ellos, en vez de eliminar las cosas que los distrajeran de ellos; esto era el efecto opuesto de lo que el ayuno debía ser, y Jesús expuso la hipocresía de este tipo de ayuno.

¿Por qué los fariseos no querían cambiar su forma de ser?

Toda la animosidad de los fariseos hacia Jesús estaba motivada por su miedo a que, si Él llegara al poder como Mesías, ellos perderían su estatus, su medio de riqueza y todas sus ventajas terrenales (Jn. 11:48). A pesar de sus pretensiones piadosas, esas cosas significaban más para ellos que la justicia. Por lo tanto, cuando Jesús dijo: "Mas buscad primeramente el reino de Dios y su justicia, y todas estas cosas os serán añadidas" (Mt. 6:33), estaba enseñando otra verdad que atacaba directamente la ética moral de los fariseos.

¿Qué resumen ofreció Jesús de las enseñanzas y la ley del Antiguo Testamento?

El resumen de Jesús es un solo versículo, conocido como la regla de oro: "Todas las cosas que queráis que los hombres hagan con vosotros, así también haced vosotros con ellos; porque esto es la ley y los profetas" (Mt. 7:12). El principio de amor que define la regla de oro es el principio subyacente de toda la ley. En otro pasaje (Mt. 22:36-40), Jesús deja claro que la ley demanda amor por Dios así como amor por nuestro prójimo.

¿Cómo termina Jesús su Sermón del Monte?

La declaración final del Sermón del Monte es una invitación general a "[entrar] por la puerta estrecha; porque ancha es la puerta, y espacioso el camino que lleva a la perdición, y muchos son los que entran por ella; porque estrecha es la puerta, y angosto el camino que lleva a la vida, y pocos son los que la hallan" (Mt. 7:13-14). La puerta estrecha y el camino difícil son referencias a las demandas del evangelio de abnegación y humildad, además de todas las otras cualidades resaltadas en las Bienaventuranzas. Pecadores impenitentes y orgullosos siempre eligen el camino equivocado. Por esa razón, está repleto de viajeros. Es suficientemente ancho para todos, desde los libertinos más absolutos hasta los fariseos más estrictos. A todos les gusta, porque nadie tiene que inclinarse o dejar algún equipaje detrás a fin de entrar en el camino. Además, todas las señales del camino prometen el cielo. Solo hay un problema, y es uno muy significativo: el camino en realidad no va al cielo; lleva a la destrucción total.

Cuando Jesús enseñaba, ¿qué aspecto de su forma de hablar captaba la atención de la gente?

La gente "se admiraba de su doctrina; porque les enseñaba como quien tiene autoridad, y no como los escribas" (Mt. 7:28-29). Los fariseos no podían enseñar sin citar a este o aquel rabino, y apoyarse sobre tradiciones de siglos. Su religión era académica en casi todos los sentidos de la palabra. Y, para muchos de ellos, la enseñanza era otra oportunidad más para buscar la alabanza de los hombres al presumir de erudición. Los fariseos se enorgullecían citando tantas fuentes como fuera posible, poniendo notas al pie de sus sermones. Les importaba más lo que otros dijeran sobre la ley que lo que la ley enseñaba realmente.

Por el contrario, la única autoridad que Jesús citaba era la Palabra de Dios. Él daba su interpretación sin apoyar su punto de vista en interminables citas de escritores anteriores. En caso de citar algún erudito religioso, lo hizo solo para refutarlo. Jesús habló como quien tiene autoridad, porque la tiene. Él es Dios, y sus palabras reflejaban eso. Estaban llenas de amor y ternura hacia los pecadores arrepentidos, pero igualmente eran duras y ásperas para los hipócritas y complacientes. Además, Jesús no estaba invitando a un intercambio de opiniones, dando una presentación académica, o buscando una causa común con los líderes religiosos del lugar. Él estaba declarando la Palabra de Dios en contra de ellos.

¿Cuáles son algunas de las verdades sobre el perdón de Dios que Jesús enseñó?

Nuestro Dios es un Dios perdonador; esa es su naturaleza (Sal. 86:5; Mi. 7:18). Jesús, de forma enfática, declaró que la severidad del pecado nunca obstaculiza el perdón de Dios: "Todo pecado y blasfemia será perdonado" (Mt. 12:31). Pero el lenguaje que Jesús usó ("pecado y blasfemia") claramente separa blasfemia de todos los otros pecados, dando a entender que cualquier blasfemia es peor que los demás pecados. Eso es así porque es un pecado directamente contra Dios, sin ningún otro motivo que deshonrarlo. La blasfemia no cumple ningún anhelo, no ofrece ninguna recompensa, no gratifica ninguna necesidad humana. De todos los pecados, este es pura y simplemente un acto de desafío contra Dios. Por eso, en cualquier clasificación bíblica de obras malvadas, la blasfemia está catalogada como peor que el asesinato y el adulterio.

¿Cuál era el pecado imperdonable sobre el cual Jesús enseñó?

Jesús habló de una grave blasfemia muy específica que era imperdonable. Era el pecado de aquellos fariseos: cerrar el corazón a Cristo permanentemente, aun después de que el Espíritu Santo haya traído una completa convicción de la verdad.

En efecto, Jesús cerró la puerta del cielo contra esos fariseos que habían cerrado sus corazones a Él de una forma tan completa y deliberada. ¿Por qué caracterizó ese pecado como una blasfemia contra el Espíritu Santo? Porque los milagros de Jesús se hicieron en el poder del Espíritu Santo. Hasta los fariseos reconocían eso en sus corazones, y aun así decían que Él operaba en el poder de Satanás. En efecto, estaban llamando diablo al Espíritu Santo y dando al diablo el crédito por lo que había hecho el Espíritu de Dios.

Este pecado particular era imperdonable por la finalidad del mismo; era un acto deliberado, una expresión de incredulidad insensible y determinada. Esos fariseos habían visto de cerca más evidencia de la que jamás necesitarían de que Jesús es Dios encarnado. Sus corazones ya estaban decididos. Ellos nunca creerían, sin importar lo que Jesús pudiera decir o hacer. Por lo tanto, su pecado era imperdonable.

¿Qué palabras duras tenía Jesús para los fariseos?

En Mateo 23, Jesús pronunció ocho ayes contra los fariseos. Recuerda que el Sermón del Monte comenzó con ocho Bienaventuranzas. Esos pronunciamientos de ayes son el polo opuesto de aquellas, y contrastan porque son maldiciones en vez de bendiciones. Incluso, aun en las maldiciones, hay una angustia que refleja la tristeza de Jesús. Él no está expresando una preferencia por la condenación de los fariseos, porque, después de todo, Él vino a salvar, no a condenar (Jn. 3:17). Dios no se complace en la destrucción del malvado (Ez. 18:32; 33:11). Por otro lado, la profunda tristeza de Jesús motivada por los corazones insensibles y rebeldes de los fariseos no hizo que Él suavizara sus palabras ni desestimara la realidad de la calamidad espiritual que ellos habían traído sobre sí mismos. En todo caso, esa fue la razón por la que Él les proclamó este mensaje final con tal pasión y urgencia.

Jesús comenzó siete de sus ocho ayes con: "¡Ay de vosotros, escribas y fariseos, hipócritas!". ¿Cuál es la importancia de decirles hipócritas a los fariseos?

Al pronunciar los ocho ayes, Jesús se refiere a muchos de los errores doctrinales y prácticos que mostraban qué tan deplorables hipócritas eran los fariseos. Esos incluían sus oraciones pretenciosas (Mt. 23:14); sus motivos equivocados para "ministrar" a otros (Mt. 23:15); su tendencia a jurar informalmente por cosas que eran santas, más el correspondiente hábito de pronunciar sus votos muy a la ligera (Mt. 23:18-22); sus prioridades invertidas, habían elevado oscuros preceptos ceremoniales por encima de la ley moral (Mt. 23:23-24); y, sobre todo, su despreocupada tolerancia de muchas manifestaciones absurdas, y a menudo exageradas, de hipocresía (Mt. 23:27-31).

¿Qué otro aspecto aquí de la enseñanza de Jesús ofendió al sistema religioso?

Otra característica que hace que este sermón se destaque es el abundante uso de Jesús de calificativos despectivos. Quienes piensan que los insultos son inherentemente contrarios al carácter cristiano, y siempre inapropiados, pasarán un momento difícil analizando este sermón. Además de las ocho veces que Jesús, enfáticamente, los llama "hipócritas", también los llama "guías ciegos" (Mt. 23:16, 24); "¡Necios [o Insensatos] y ciegos!" (Mt. 23:17, 19); "¡Fariseo ciego!" (Mt. 23:26); y "¡Serpientes, generación de víboras!" (Mt. 23:33).

¿Qué quiso decir Jesús cuando llamó a sus seguidores a tomar su cruz y seguir en pos de Él (Mt. 10:38)?

Esta es la primera mención de la palabra *cruz* que hace Jesús a sus discípulos. Para ellos, la palabra seguramente evocó la imagen de una muerte violenta y degradante. Él les estaba demandando ese tipo de compromiso —incluso la muerte física— y estaba diciendo que la entrega total era una parte del mensaje que debían proclamar a otros. Los que se acercan a Cristo con una fe que renuncia a sí mismos recibirán la vida eterna verdadera.

¿Qué hecho fue significativo en el encuentro de Jesús con la mujer junto al pozo (Jn. 4)?

Para un hombre judío, pedir un poco de agua a una mujer, especialmente a una samaritana, era una clara violación de la rígida costumbre social, así como una marcada desviación de la animosidad social que existía entre los dos grupos. Además, un "rabino" y líder religioso no mantenía conversaciones con una mujer de dudosa reputación (Jn. 4:18).

Sin embargo, Jesús continuó y usó la necesidad de esa mujer de agua física para soportar la vida en aquella árida región como una lección para recalcar su necesidad de una transformación espiritual. La mujer no se dio cuenta de que Jesús le hablaba sobre sus necesidades espirituales. En cambio, ella quería esa agua a fin de evitarse sus frecuentes viajes al pozo.

¿Qué verdad estableció claramente Jesús para la mujer junto al pozo y también para sus seguidores de hoy?

En Juan 4:24, Jesús dice con claridad: "Dios es Espíritu", la clásica declaración de la naturaleza de Dios. La frase significa que Dios es invisible, como opuesto a la naturaleza física o material del hombre. El hombre no puede comprender al Dios invisible a menos que Él se revele a sí mismo, como lo hizo en las Escrituras y en la encarnación. Jesús también enseñó que una persona debe adorar no simplemente en conformidad a rituales y lugares religiosos, esto es, externamente, sino internamente (en espíritu) con una apropiada actitud de corazón.

En Juan 4:26, Jesús también declaró de manera abierta que Él era el Mesías, aunque solía evitar tales declaraciones a su propio pueblo judío, que tenía burdas visiones políticas y militares con respecto al Mesías.

¿Qué quiso decir Jesús cuando le dijo a Nicodemo —un líder judío, un fariseo y un miembro del sanedrín— que necesitaba nacer de nuevo?

Jesús eligió el lenguaje perfecto para comunicar a Nicodemo que la justicia verdadera no viene de las obras de uno sino a través de la fe en Cristo: "El que no naciere de nuevo, no puede ver el reino de Dios" (Jn. 3:3). Con esta simple declaración, Jesús demolió para Nicodemo toda su forma de ver la vida: su nacimiento y crianza judía; sus logros como fariseo principal; sus cuidados para evitar la contaminación ceremonial; el respeto que había ganado a los ojos de sus compatriotas; los méritos que creyó tener guardados para sí mismo. Independientemente de lo que Jesús quiso decir, una cosa quedaba clara: Jesús estaba demandando que Nicodemo renunciara a todo lo que defendía, se alejara de todo lo que había hecho como fariseo, abandonara la esperanza en todo lo que él confiaba, y comenzara todo de nuevo desde el principio.

En respuesta, Nicodemo dijo: "¿Cómo puede un hombre nacer siendo viejo? ¿Puede acaso entrar por segunda vez en el vientre de su madre, y nacer" (Jn. 3:4)? ¿No entendió realmente Nicodemo lo que Jesús quería decir?

No debemos suponer que Nicodemo era tan ingenuo como para pensar que Jesús le estaba diciendo que literalmente necesitaba renacer de manera física. Nicodemo, sin duda, era un maestro habilidoso, o no hubiera llegado a la posición que tenía. Su pregunta a Jesús no debe ser interpretada como una referencia literal al nacimiento físico, así como no interpretamos literalmente la observación original de Jesús. Su réplica a Jesús tan solo utilizó de nuevo la misma imagen usada por Jesús.

¿Qué entendió probablemente Nicodemo que Jesús estaba diciendo?

En un lenguaje que Nicodemo podría captar, Jesús le estaba diciendo que Él no estaba hablando de una transformación superficial o carnal, sino que, en realidad, lo estaba llamando a algo que Nicodemo no tenía el poder de hacer por su cuenta. Esto golpeó las convicciones religiosas del corazón de Nicodemo. Para un fariseo como él, las peores noticias imaginables eran que no había nada que él pudiera hacer para ayudarse a sí mismo espiritualmente. Jesús había descrito el caso de Nicodemo como completamente desesperado. ¡Eso sí que es duro! Pero ese es, después de todo, el punto de partida del mensaje del evangelio. Los pecadores están "muertos en delitos y pecados", son "por naturaleza hijos de la ira", y "sin esperanza y sin Dios" (Ef. 2:1, 3, 12).

¿Por qué fue tan duro
Jesús con Nicodemo?

Jesús no estaba siendo mezquino, sino precisamente lo contrario. Nicodemo necesitaba reconocer su pobreza espiritual y ver su necesidad de un Salvador. Y a Jesús le preocupaba más la verdad que los sentimientos de Nicodemo. A veces, la verdad no es "agradable", pero siempre es clara e inquebrantable. Antes que Nicodemo pudiera recibir alguna ayuda de parte de Jesús, necesitaba ver cuán desesperada era su situación. Cuando un paciente tiene una enfermedad potencialmente mortal y necesita un tratamiento urgente, el médico necesita darle las malas noticias con toda franqueza. Ese fue el caso de Nicodemo.

¿Qué pueden aprender de Jesús los modernos defensores de la fe?

Jesús sabía algo que los cristianos modernos a menudo olvidan: la verdad no derrota al error con una campaña de relaciones públicas. La lucha entre la verdad y el error es una batalla espiritual (Ef. 6:12), y la verdad no tiene forma de derrotar a la falsedad, a menos que exponga y refute las mentiras y las falsas enseñanzas. Eso implica franqueza y claridad, osadía y precisión y, a veces, más severidad que simpatía.

Las parábolas

Además de su enseñanza más directa, Jesús también enseñó por medio de parábolas. Él usó treinta y nueve parábolas: la mayoría en Mateo y Lucas, unas pocas en Marcos, y ninguna en Juan.

¿Qué es una parábola?

Una parábola, forma común de enseñanza en el judaísmo, es una larga analogía, a menudo presentada en la forma de una historia. Al principio de su ministerio, Jesús había usado muchas analogías gráficas, pero su significado era bastante claro en el contexto de su enseñanza. Las parábolas, en cambio, requieren más explicación, y Jesús las usaba para ocultar la verdad de los incrédulos mientras la aclaraba para sus discípulos. De hecho, durante el resto de su ministerio galileo, habló a las multitudes solo en parábolas (Mt. 13:34).

¿Por qué eligió Jesús enseñar de una manera que no era fácilmente comprendida por todos sus oyentes?

En Mateo 13:11, Jesús afirmó claramente que la capacidad para comprender la verdad espiritual era un don de la gracia de Dios otorgado por el Dios soberano. Luego Jesús explicó: "Les hablo por parábolas: porque viendo no ven, y oyendo no oyen, ni entienden" (Mt. 13:13). El hecho de que Jesús velara la verdad a los incrédulos de esta manera era tanto un acto de juicio como uno de misericordia: juicio porque les permitía quedarse en la oscuridad que amaban, pero misericordia porque ellos ya habían rechazado la luz, por lo que cualquier exposición a más verdad solo incrementaría su condenación.

¿Cuáles son algunas de las parábolas de Jesús que desconciertan, así como iluminan, y qué verdades enseñan?

El camello y el ojo de una aguja

> Más fácil es pasar un camello por el ojo de una aguja, que entrar un rico en el reino de de Dios (Mr. 10:25).

Los persas expresaban la imposibilidad diciendo que sería más fácil pasar un elefante por el ojo de una aguja. La expresión usada por Jesús era una adaptación coloquial judía (el animal más grande en Palestina era el camello). Jesús usó esta ilustración para decir explícitamente que la salvación mediante el esfuerzo humano es imposible, y depende totalmente de la gracia de Dios. Los judíos creían que con limosnas una persona compraba su salvación, por lo tanto, cuanta más riqueza se tenía, más sacrificios y ofrendas la persona podía ofrecer y, de esa manera, comprar la redención. Jesús enseñó que ni siquiera los ricos podían comprar la salvación; era enteramente una obra de la gracia y soberanía de Dios.

El trigo y la cizaña

El reino de los cielos es semejante a un hombre que sembró buena semilla en su campo; pero mientras dormían los hombres, vino su enemigo y sembró cizaña entre el trigo, y se fue. Y cuando salió la hierba y dio fruto, entonces apareció también la cizaña. Vinieron entonces los siervos del padre de familia y le dijeron: Señor, ¿no sembraste buena semilla en tu campo? ¿De dónde, pues, tiene cizaña? Él les dijo: Un enemigo ha hecho esto. Y los siervos le dijeron: ¿Quieres, pues, que vayamos y la arranquemos? Él les dijo: No, no sea que al arrancar la cizaña, arranquéis también con ella el trigo. Dejad crecer juntamente lo uno y lo otro hasta la siega; y al tiempo de la siega yo diré a los segadores: Recoged primero la cizaña, y atadla en manojos para quemarla; pero recoged el trigo en mi granero (Mt. 13:24-30).

En un entorno agrícola, sembrar cizaña en el campo de trigo de otra persona era una manera en que los enemigos destruían catastróficamente el medio de vida de esa persona. Aquí tenemos una imagen de los esfuerzos de Satanás por engañar a la Iglesia al mezclar a sus hijos con los de Dios, lo que, en algunos casos, hace imposible que los creyentes disciernan los verdaderos de los falsos.

La semilla de mostaza y la levadura

> El reino de los cielos es semejante al grano de mostaza, que un hombre tomó y sembró en su campo; el cual a la verdad es la más pequeña de todas las semillas; pero cuando ha crecido, es la mayor de las hortalizas, y se hace árbol, de tal manera que vienen las aves del cielo y hacen nidos en sus ramas... El reino de los cielos es semejante a la levadura que tomó una mujer, y escondió en tres medidas de harina, hasta que todo fue leudado (Mt. 13:31-33).

Al enseñar sobre el reino de los cielos, Jesús lo comparó con las plantas de mostaza de Palestina, grandes arbustos que a veces llegaban a más de cuatro metros de altura, lo suficientemente grandes como para que los pájaros hicieran sus nidos en ellos. También compara el reino con la levadura, que se multiplica silenciosamente y permea todo lo que toca. Jesús describió repetidas veces el reino como la influencia que impregna.

El hijo pródigo

> Y cuando [su hijo] aún estaba lejos, lo vio su padre, y fue movido a misericordia, y

corrió, y se echó sobre su cuello, y le besó (Lc. 15:20).

La respuesta del padre a su hijo, que volvía al hogar después de un tiempo de desenfrenada inmoralidad y derrochadora extravagancia con la riqueza de su padre, ilustra el amor de Dios hacia el pecador penitente y el poder de la confesión. Aun mientras el libertino hijo está todavía lejos, el padre lo ve (lo que significa que el padre estaba buscando a su hijo descarriado) y "corrió... y le besó". El tiempo verbal indica que el padre besó a su hijo repetidamente. Aquí hay tierna misericordia, perdón y compasión. El padre trata a su hijo como si el pasado no existiera, como si sus pecados estuvieran sepultados en las profundidades abisales del mar, alejados como lo está el este del oeste, y olvidados. Aquí vemos el afecto puro, el amor incondicional. La respuesta del padre es remarcable. No hay retraimiento; no hay vacilación. No se oculta la emoción, ni hay una sutil frialdad. Solo hay amor comprensivo, ansioso, puro y desenfrenado. El padre ama a su descarriado hijo profusa y grandemente.

En esta parábola, la más familiar y amada de todas las que Cristo pronunció, debemos aprender que el amor de Dios es como el amor de este padre. No es mínimo; es sin reservas y ataduras; es desbordante. No se otorga con moderación. No hay nada que lo refrene; es amor puro no diluido, sin ningún resentimiento ni desafección. El padre recibe al hijo descarriado como un hijo privilegiado, no un humilde sirviente.

Sobre todo, el amor del padre era un amor incondicional, no disminuido por la rebelión de su hijo. A pesar de que este muchacho hiciera todo para merecer la ira de su padre, el padre respondió con amor puro. Aunque el joven no se dio cuenta cuando languidecía en el país lejano, él no podía ser separado de un padre tan amoroso. Aun sus más grandes pecados no podían separarlo del amor de su padre. De igual manera, nuestro Padre quiere que volvamos y confesemos; Él nos espera con los brazos abiertos.

Los labradores malvados

> Por último, teniendo aún un hijo suyo, amado, lo envió también a ellos, diciendo: Tendrán respeto a mi hijo. Mas aquellos labradores dijeron entre sí: Este es el heredero; venid, matémosle, y la heredad será nuestra (Mr. 12:6-7; también Mt. 21:33-46 y Lc. 20:9-19).

En las Escrituras, la viña es un símbolo habitual para la nación judía. Aquí el propietario, que representa a Dios, planta la viña con gran cuidado, y luego la arrienda a los labradores, que representan a los líderes judíos. (Solo Lucas menciona que la parábola estaba dirigida a todo el pueblo, no solo a los líderes judíos).

En el relato de Marcos, tres sirvientes diferentes vinieron por separado. Los labradores "golpearon" al primero, "apedrearon" al segundo, y al tercero lo "mataron". El hijo del propietario (hijo amado, en Marcos y Lucas) representa al Señor Jesucristo. Los labradores codiciosos querían toda la cosecha y la viña para ellos. Nada los detendría de conseguir esa meta, por tanto, tramaron matar al hijo del dueño. Este comportamiento se corresponde con el tratamiento que los gobernantes judíos dieron a los profetas del Antiguo Testamento. Los principales sacerdotes, los escribas y los ancianos sabían que Cristo estaba condenando sus acciones, pero eso despertó su odio, no su arrepentimiento.

El buen samaritano

¿Quién, pues, de estos tres te parece que fue el prójimo del que cayó en manos de los ladrones? Él dijo: El que usó de misericordia con él. Entonces Jesús le dijo: Ve, y haz tú lo mismo (Lc. 10:36-37).

La opinión predominante entre los escribas y los fariseos era que los prójimos eran solo los justos. Según esos líderes religiosos, los malvados —incluyendo los pecadores más escandalosos (como los publicanos y las prostitutas), los gentiles y especialmente los samaritanos— debían ser odiados porque eran enemigos de

Dios. Sin embargo, el "odio hacia los pecadores" de una persona verdaderamente justa está marcado por un corazón quebrantado y afligido por la condición del pecador. Y, como enseñó Jesús, también es templado por un amor genuino. Los fariseos habían elevado la hostilidad hacia los malvados hasta la posición de una virtud, y así estaban anulando el segundo gran mandamiento de amar al prójimo (Mt. 22:39). La respuesta de Jesús a este intérprete de la ley demolió la excusa farisaica para odiar a los enemigos.

Enseñanzas adicionales

¿Qué otras verdades enseñó Jesús sin usar una parábola?

Los cimientos de una casa

> Cualquiera, pues, que me oye estas pala-
> bras, y las hace, le compararé a un hombre
> prudente, que edificó su casa sobre la roca.
> Descendió lluvia, y vinieron ríos, y soplaron
> vientos, y golpearon contra aquella casa; y no
> cayó, porque estaba fundada sobre la roca
> (Mt. 7:24-25).

La casa representa la vida religiosa; la lluvia
representa el juicio divino. Solo permanece el
que construye sobre el cimiento de la obediencia a la Palabra de Dios. Esta obediencia exige
el arrepentimiento, el rechazo a la salvación
mediante obras, y la confianza en la gracia de

Dios, quien nos salva mediante su misericordiosa provisión.

El joven rico

> Entonces vino uno y le dijo: Maestro bueno, ¿qué bien haré para tener la vida eterna? Él [Jesús] le dijo: ¿Por qué me llamas bueno? Ninguno hay bueno sino uno: Dios. Mas si quieres entrar en la vida, guarda los mandamientos (Mt. 19:16-17).

Jesús no estaba negando su propia deidad, más bien estaba enseñando al joven que todos, excepto Dios, son pecadores. El defecto espiritual más serio de este joven era ser reacio a confesar su propia y absoluta bancarrota espiritual.

> Si quieres entrar en la vida, guarda los mandamientos (Mt. 19:17).

Esta enseñanza, por supuesto, es la ley, no el evangelio. Antes de mostrarle el camino a la vida, Jesús le deja claro al joven las altas normas requeridas por Dios, así como la inutilidad de buscar la salvación por sus propios méritos. El joven debió haber respondido como lo hicieron los discípulos (Mt. 19:25) y confesado que guardar la ley perfectamente es imposible; pero, en cambio, declaró confiadamente que él estaba calificado para el cielo bajo estos términos:

"Todo esto lo he guardado desde mi juventud" (Mt. 19:20). El creído joven no admitiría su propio pecado.

Anda, vende lo que tienes, y dalo a los pobres (Mt. 19:21).

Jesús no estaba estableciendo los términos de la salvación, sino revelando el verdadero corazón del joven. Su rechazo a obedecer revela dos cosas: (1) él no era inocente en cuanto a la ley porque era culpable de amarse a sí mismo y sus posesiones más que a sus prójimos; y (2) él carecía de la verdadera fe, que implica un deseo de rendir todo al mandato de Cristo. Jesús no estaba enseñando salvación mediante filantropía, sino demandando que este joven le diera el primer lugar a Él. El joven falló la prueba. Debido a que sus posesiones eran una gran piedra de tropiezo, él ya había rechazado el señorío de Cristo sobre su vida que el Señor le demandaba.

¿Quién es el mayor en el reino de los cielos?

Si no os volvéis y os hacéis como niños, no entraréis en el reino de los cielos (Mt. 18:3).

"Convertirse en niños pequeños" es cómo Jesús caracterizaba a la conversión. Como las Bienaventuranzas, este versículo ilustra a la fe como la dependencia simple, indefensa y confiada de aquellos que no tienen recursos propios. Como niños, no tienen hazañas ni logros para ofrecer ni con qué elogiarse.

Considerar el costo del discipulado

> Si alguno viene a mí, y no aborrece a su padre, y madre, y mujer, e hijos, y hermanos, y hermanas, y aun también su propia vida, no puede ser mi discípulo. Y el que no lleva su cruz y viene en pos de mí, no puede ser mi discípulo (Lc. 14:26-27).

La meta de Cristo no era reunir multitudes agradecidas, sino hacer verdaderos discípulos. Él nunca adaptó su mensaje a las preferencias de la mayoría, sino que siempre manifestó claramente el alto costo del discipulado. Aquí, Él hace varias demandas audaces que desalentarían al indiferente. Él les estaba demandando compromiso total —incluso hasta la muerte física— y haciendo que este llamado a la rendición total fuera parte del mensaje que ellos tenían que predicar a otros. El "odio" que se menciona aquí, en realidad, es un amor menor. Jesús estaba llamando a sus discípulos a cultivar tal devoción por Él que su apego a todo lo demás —incluyendo a sus propios seres queridos— sería, en comparación, como odiarlos. Las multitudes a las que Jesús enseñó eran positivas, pero no comprometidas. Lejos de hacer que recibir su enseñanza fuera fácil, Él estableció el costo del discipulado tan alto como fuera posible, y los alentó a hacer un cuidadoso inventario antes de declarar su voluntad por seguirlo. Cristo continuamente enfatizó la dificultad de seguirlo: la salvación es solo por gracia, pero no es fácil. El llamado implica conocer la verdad, arrepentimiento, sujeción a Cristo como Señor y la decisión de obedecer su voluntad y Palabra.

Liderazgo mediante el servicio

> Mas entre vosotros no será así, sino que el que quiera hacerse grande entre vosotros será vuestro servidor, y el que quiera ser el primero entre vosotros será vuestro siervo (Mt. 20:26-27).

Jesús fue el ejemplo supremo del liderazgo mediante el servicio. El Rey de reyes y Señor de señores renunció a sus privilegios y dio su vida como un sacrificio desinteresado para servir a otros. La muerte sustitutiva de Cristo en favor de todos aquellos que ponen su fe en Él es la verdad más gloriosa y bendita de las Escrituras. El precio del rescate fue pagado para satisfacer la ira santa y la justicia de Dios contra el pecado. Al pagarlo, Cristo "llevó él mismo nuestros pecados en su cuerpo sobre el madero" (1 P. 2:24).

Reacciones a las enseñanzas de Jesús

¿Por qué no aceptaron a Jesús los líderes religiosos de su tiempo?

Malinterpretar el evangelio o adaptarlo para que se adecue a preferencias subculturales traerá el inevitable resultado de ser una religión de obras y un sistema que reproduzca personas que se creen justas. Eso es exactamente el corazón del conflicto entre Jesús y los fariseos. Ellos representaban un estilo de religión y un sistema de creencias que estaba en conflicto directo con el corazón del evangelio que Jesús proclamaba. Jesús, por ejemplo, ofrecía perdón y justificación instantánea a los pecadores que creían. Los líderes religiosos de Israel confeccionaron un masivo sistema de obras y ceremonias que hacían que la justificación fuera una obra humana. En palabras del apóstol Pablo: "Porque ignorando [ellos] la justicia de Dios, y procurando establecer la suya propia, no se han sujetado a la justicia de Dios" (Ro. 10:3). Simplemente, no había forma de que Cristo evitara el conflicto con esos líderes. En cambio, Él le sacó el mayor provecho al contrastar la religión falsa con la verdad que Él enseñaba.

¿Por qué se molestó la gente religiosa de aquel tiempo cuando Jesús cenó con publicanos y pecadores?

Que un rabino se prestara a fraternizar en una reunión con ese tipo de gente era completamente repugnante para los fariseos. Eso era diametralmente opuesto a todas sus doctrinas sobre la separación y la impureza ceremonial. Este era otro tema preferido de los fariseos, y Jesús estaba violando abiertamente sus normas, a sabiendas de que ellos lo estaban vigilando con atención. Desde la perspectiva de ellos, parecía que Él estuviera exhibiendo su desprecio por el sistema de ellos deliberadamente; y, de hecho, eso era lo que estaba haciendo.

¿Por qué los líderes religiosos querían librarse de Jesús con tanta vehemencia?

Para las multitudes, era absolutamente claro que Jesús hablaba por Dios, porque no había ningún milagro que Él no realizara, ninguna enfermedad que no curara, y ningún argumento de parte de los líderes judíos que no respondiera.

Y la elite religiosa de Israel estaba desesperada: "Entonces los principales sacerdotes y los fariseos reunieron el concilio, y dijeron: ¿Qué haremos? Porque este hombre hace muchas señales. Si le dejamos así, todos creerán en él; y vendrán los romanos, y destruirán nuestro lugar santo y nuestra nación" (Jn. 11:47-48). Observa que ellos no discutían la legitimidad de la afirmación de Jesús de que era el Mesías o la realidad de sus milagros. Tampoco tenían argumentos genuinos para refutar su doctrina, solo tenían el hecho de que Él representaba una seria amenaza para su poder.

En resumen, los principales sacerdotes y los fariseos temían más a los romanos de lo que temían a Dios. Ellos querían conservar la influencia que tenían, antes que brindar su honor y obediencia al legítimo Mesías de Israel. Ellos amaban su propia piedad artificial más de lo que anhelaban la auténtica justicia. Ellos estaban satisfechos con sus propios méritos y eran desdeñosos con cualquiera que cuestionara su piedad, como Jesús había hecho pública y en repetidas ocasiones. Desde el comienzo de su ministerio público, Jesús había resistido resueltamente todo el sistema religioso de ellos, y lo odiaban por eso.

¿Cuándo afirmó Jesús claramente —con sus palabras más que con sus milagros— que Él era el Hijo de Dios?

Que Jesús llamara a Dios "mi Padre" (y, en especial, en un contexto donde Él se comparaba a Dios) era sugerir que compartía la misma esencia de Dios el Padre, "haciéndose igual a Dios" (Jn. 5:18). Jesús usó por primera vez esa expresión en público cuando tenía 12 años y dijo a sus padres: "¿No sabíais que en los negocios de mi Padre me es necesario estar?" (Lc. 2:49). La segunda vez que Jesús utilizó esas palabras fue durante la primera purificación del templo: "No hagáis de la casa de mi Padre casa de mercado" (Jn. 2:16). Después de eso, Jesús se refirió con frecuencia a Dios como "mi Padre". Cuando los judíos supieron que había sanado a un hombre en sábado, Jesús respondió con una revelación explícita y pública de la verdad de que Él era el Hijo unigénito de Dios; que Él no era tan solo un profeta o un brillante rabino, sino Dios completamente encarnado. Tan pronto como usó esa expresión aquí, se desató el infierno sobre Él. La mayoría de los líderes religiosos de Israel, que ya eran sus enemigos jurados, "aun más procuraban matarle" (Jn. 5:18).

¿Por qué trató Jesús a sus oponentes con tanta dureza?

Si la vehemencia del trato de Jesús con los líderes judíos te asombra, ten en cuenta que Él tenía la ventaja de conocer sus corazones, incluso más perfectamente que ellos mismos.

También ten en cuenta que Jesús no estaba tratando de provocarlos tan solo por deporte; Él tenía una razón misericordiosa para usar este tipo de discurso duro que muchos hoy día irreflexivamente etiquetarían de descortés: "Mas digo esto, para que vosotros seáis salvos" (Jn. 5:34). Los líderes religiosos de Israel estaban perdidos y endureciendo más y más sus corazones contra Jesús. Ellos necesitaban algunas palabras duras. Jesús no les permitiría que lo ignoraran, o que ignoraran su verdad, bajo la apariencia de mostrarles el tipo de deferencia y honor público que ellos anhelaban de parte de Él.

Además, la fricción constante de Jesús con los fariseos muestra que el conflicto a veces es necesario. Las palabras duras no siempre son inapropiadas. Las verdades desagradables e indeseables a veces necesitan ser dichas. La religión falsa siempre necesita ser objetada. El amor puede cubrir multitud de pecados (1 P. 4:8), pero la hipocresía flagrante de los falsos maestros necesita desesperadamente ser revelada. De otro modo, nuestro silencio facilita y perpetúa una ilusión condenatoria. La verdad no siempre es "agradable".

¿No le preocupaba a Jesús lo que la gente sentía cuando Él enseñaba?

La verdad le importaba más a Jesús que lo que la gente sentía acerca de la verdad o acerca de Él. Jesús no buscaba agradar a la gente, sino llamarla a reconocerlo incondicionalmente como su Señor. Él no estaba interesado en reforzar las creencias que tenía en común con los fariseos. Por el contrario, Jesús enfatizaba (de manera casi exclusiva) los puntos sobre los cuales no estaba de acuerdo con ellos. Él nunca actuó como si el mejor camino para alejar a la gente de las herejías condenatorias de la religión de los fariseos fuera hacer que su mensaje sonara parecido a las creencias populares de aquellos tiempos. En cambio, Él enfatizó (y lo hizo con reiteración, vez tras vez) los puntos de la doctrina que eran opuestos a la sabiduría convencional del farisaísmo.

Cuando Jesús hablaba de las prácticas religiosas de los fariseos, parecía estar tratando algo más que el lavamiento de manos o la observancia del sábado. ¿Cuál era el verdadero asunto?

La cuestión más importante, subyacente en el diálogo de los fariseos con Jesús sobre el lavamiento o purificación de cualquier cosa, era el principio de justificación y cómo los pecadores pueden ser hechos justos con Dios. La justificación no es ganada por méritos, ni tampoco por rituales. La verdadera justicia no se gana por obras humanas; el perdón y la justificación total son concedidos gratuitamente a los que creen.

En otras palabras, no es que Jesús y los fariseos diferían en cuanto a costumbres de cómo guardar el sábado, sino que mantenían visiones distintas en cuanto al camino de la salvación. Esa verdad era demasiado importante como para ser sepultada bajo el manto de la cortesía superficial. El evangelio debe ser defendido contra las mentiras y la falsa enseñanza. El hecho de que la verdad del evangelio a menudo ofende incluso a la gente religiosa más distinguida no es una razón para tratar de ablandar el mensaje o moderarlo. El mismo Jesús nos sirve de ejemplo respecto a esto.

Así, entonces, ¿cuál era el propósito principal de la enseñanza y predicación de Jesús?

Jesús no estaba interesado en incrementar las filas de discípulos tibios. Su predicación tenía un objetivo: declarar la verdad, no ganar elogios de la audiencia. Para aquellos que no estaban interesados en escuchar la verdad, Él no trataba de facilitar su recepción. Lo que hacía, en cambio, era evitar que la ignoraran.

Dicho sea de paso, el anhelo contemporáneo por sermones superficiales que agradan y entretienen está, al menos parcialmente, enraizado en el mito popular de que Jesús mismo siempre fue simpático, agradable, encantador, y estaba a la vanguardia de las modas de su cultura. Como hemos visto, incluso un rápido examen al ministerio de predicación de Jesús revela una imagen totalmente diferente. Los sermones de Jesús usualmente presentaban verdades difíciles, palabras duras y controversias intensas. ¡Sus propios discípulos se quejaban de su predicación diciendo: "Dura es esta palabra" (Jn. 6:60)!

Otra vez, la predicación de Jesús encabeza la lista de cosas que hacían que fuera imposible ignorarlo.

Jesús: Su pasión

Jesucristo es el único individuo sin pecado que alguna vez haya vivido —el hombre más virtuoso de todos los tiempos—. Él "no hizo pecado ni se halló engaño en su boca" (1 P. 2:22). Él era "santo, inocente, sin mancha, apartado de los pecadores" (He. 7:26). Y aun así, el tormento y castigo que sufrió en su muerte fue infinitamente más atroz del que alguien alguna vez haya sufrido. Él cargó todo el peso de la retribución por la maldad humana. Él sufrió como si hubiera sido culpable de los peores delitos de la humanidad. Sin embargo, no era culpable de nada.

Domingo de Ramos

Jesús entró en Jerusalén para celebrar la Pascua y, como Cordero de Dios, consumar su ministerio al morir en favor de los pecadores. ¿Qué evidencia hay en la descripción de Marcos 11:1-11 de que la gente le daba la bienvenida como líder militar y rey?

A la entrada de Jesús en Jerusalén el Domingo de Ramos se la llama tradicionalmente su entrada triunfal, pero, con más exactitud, fue su coronación como el verdadero Rey. Jesús entró en la ciudad sobre un asno joven (en aquel tiempo, los judíos consideraban que los animales que nunca habían sido montados eran especialmente adecuados para los propósitos santos). La gente a lo largo del camino extendía sus ropas, que era parte de la práctica antigua de bienvenida para un nuevo rey. Ondeaban las ramas de palmera simbolizando gozo y salvación. La multitud estaba entusiasmada y llena de alabanzas para el Mesías que enseñó con tanta autoridad, sanó a los enfermos y resucitó a Lázaro de entre los muertos. El clamor de la gente de "¡Hosanna!" originalmente era una oración hebrea que significaba "¡Salva ahora!".

La escena festiva del Domingo de Ramos, cuando Jesús entró en Jerusalén, no ofrece ninguna pista sobre lo que le esperaba esa semana a quien la multitud saludaba con: "¡Hosanna!". ¿Por qué estaba la gente tan entusiasmada?

Para todo el mundo, parecía que Jesús sería llevado por una onda masiva de apoyo público a la prominencia y el poder en algún rol político, y luego inauguraría su reino prometido. Pero el entusiasmo del público por Cristo era una ilusión. Su expectativa era por un Mesías que rápidamente liberaría a Israel del dominio de Roma para luego establecer un reino político que, en última instancia, gobernaría sobre el César. Jerusalén estaba feliz de tener un hacedor de milagros y la esperanza de un rey conquistador como ese. Pero no querían la dura predicación de Jesús. Estaban escandalizados porque Jesús parecía más interesado en desafiar sus instituciones religiosas que en conquistar a Roma y liberarlos de la opresión política. Les asombraba el trato que Jesús daba a la élite religiosa de Israel, como si ellos fueran paganos. Jesús dedicó más tiempo en llamar a Israel al arrepentimiento que en criticar a sus opresores. Además, no entendían su rechazo de ser el Mesías que ellos querían que fuera (Jn. 6:15). Antes de que la semana terminara, la misma multitud que lo alababa diciendo "¡hosanna"! clamaría por su sangre.

La purificación del templo

Ya en Jerusalén, Jesús fue al templo y lo purificó, como había hecho tres años antes. ¿Por qué es importante este acto?

El templo se había convertido en más corrupto y profano que nunca. Los animales para los sacrificios —que con seguridad pasaban la inspección del sumo sacerdote— estaban a la venta. Las monedas griegas y romanas se cambiaban por monedas judías o tirias, que todo varón judío de veinte años o más tenía que usar para el pago anual de medio siclo para los servicios religiosos del templo. Por este servicio de cambio, se estimaba un honorario del diez o doce por ciento. Y el atrio del templo se usaba como un atajo por donde se llevaba mercadería a otras partes de Jerusalén. Todas estas actividades revelaban una falta de respeto por el templo y, en última instancia, hacia Dios mismo. El templo se había convertido en un lugar donde el pueblo de Dios ya no adoraba en paz, sino que era extorsionado, y sus extorsionadores estaban protegidos. Por medio de la purificación del templo, Jesús mostró vívidamente que, como Hijo de Dios, tenía una misión divina.

La última cena

Basada en la historia de la
Pascua, ¿qué hay de significativo
en esta particular celebración
del histórico evento?

L os judíos fieles celebraban la Pascua con el
sacrificio de un cordero sin mancha para
conmemorar la liberación de su nación de la
esclavitud en Egipto. En la primera Pascua, el
pueblo de Israel sacrificó un cordero perfecto y
extendió su sangre sobre el marco de la puerta
de su casa. A la orden de Dios, el ángel de la
muerte mató a los primogénitos de toda familia
egipcia, pero pasó de largo de las casas israelitas
donde los postes de las puertas estaban cubiertos
con la sangre del cordero.

Conforme a los planes soberanos de Dios,
esta importante celebración judía se enlazó con
el deseo de los líderes judíos de matar a Jesús.
Esos líderes temían que la popularidad de Cristo
entre el pueblo resultara en una presión por

reconocer a Jesús como el legítimo gobernante de los judíos, el Mesías. Tal movimiento perturbaría su frágil paz con Roma. Eso representaría, en su momento, una amenaza al poder del sumo sacerdote y el sanedrín. Por lo tanto, los líderes judíos hacían todo lo que podían para sofocar el fervor mesiánico que avanzaba sobre Israel y decidieron silenciar a Jesús rápidamente, fuera o no el verdadero Mesías. Pero la Pascua era el tiempo de Dios, el tiempo que Él había elegido, el tiempo más adecuado para que el Cordero de Dios muriera por los pecados del mundo.

Cuando Jesús y sus discípulos se reunieron para la comida pascual, ¿por qué lavó Jesús los pies de ellos?

El lavamiento de pies era una tarea generalmente relegada al esclavo de más bajo rango, y se hacía para eliminar el polvo, barro y otra suciedad de los pies debido a los caminos sin pavimentar en Jerusalén y sus alrededores. Evidentemente, no había ningún esclavo para llevar a cabo la tarea cuando Jesús y sus discípulos llegaron al lugar. En vez de humillarse a sí mismos para realizar tal degradante tarea unos por otros, los discípulos simplemente habían dejado sus pies sin lavar. Al tomar el rol del siervo de más bajo rango, Cristo transformó el lavamiento en una lección objetiva de humildad y verdadera santidad (Jn. 13:6-9).

¿De qué manera apunta la última cena hacia la celebración de la Cena del Señor en la Iglesia?

Los panes sin levadura que se comían en la cena pascual simbolizaban el fin de la antigua vida de los israelitas en Egipto. Representaban una separación de la mundanalidad, el pecado y la religión falsa, y el comienzo de una nueva vida de santidad y piedad. Desde aquel momento, en la Cena del Señor, el pan simbolizaría el cuerpo de Cristo, que fue sacrificado para la salvación de la humanidad, para nuestra liberación del pecado y nuestro nuevo nacimiento. El derramamiento de sangre en un sacrificio siempre fue el requerimiento de Dios al establecer cualquier pacto. El derramamiento de sangre también había protegido de la muerte al pueblo de Israel en la primera Pascua en Egipto. Aquí, la sangre de Cristo necesitaba derramarse para la remisión de los pecados, para evitar una separación permanente de Dios, es decir, la muerte eterna.

Las oraciones de Jesús en Getsemaní

Cuando Jesús oró en Getsemaní y le pidió al Padre: "Si quieres, pasa de mí esta copa" (Lc. 22:42), ¿a qué se refería exactamente?

La "copa" no era simplemente la muerte. No era el dolor físico en la cruz, ni los azotes ni la humillación. No era la terrible sed, ni tampoco la tortura de tener los clavos que atravesaban su cuerpo, ni la deshonra de ser escupido o golpeado. Cuando Jesús dijo: "No temáis" (Lc. 12:4), se refería precisamente a todas estas cosas. No obstante, lo que Cristo más temía sobre la cruz —la copa de la que pidió ser librado si fuera posible— era el derramamiento de la ira divina que tendría que soportar de su santo Padre.

Por lo tanto, cuando Cristo oró diciendo "Si quieres, pasa de mí esta copa", se refería a la copa del juicio divino. No pienses ni por un momento que Cristo temía al dolor terrenal de la crucifixión. Él no temblaría por lo que los hombres podían hacerle. No había en Él ni la más mínima pizca de temor por los hombres. Pero Él tenía que "llevar los pecados de muchos" (He. 9:28) y la plenitud de la ira divina caería sobre Él. De alguna manera misteriosa que nuestras mentes humanas nunca podrían comprender, Dios el Padre apartaría su mirada de Cristo el Hijo, y Cristo cargaría con todo el peso de la furia divina contra el pecado.

Jesús sabía que no podía evitar esa copa. ¿Por qué, pues, oró de esa manera en el jardín?

El plan de salvación fue determinado por Dios hace mucho tiempo, antes de la creación del mundo. En ese plan eterno, Dios el Hijo aceptó convertirse en un hombre y morir para pagar el castigo por el pecado. Por supuesto, Jesús sabía que no podía evitar la copa de la muerte y la separación de Dios, pero su oración de "pase de mí esta copa" fue una expresión honesta de pasión humana, del temor que estaba sintiendo en aquel momento. En realidad, Él no esperaba ser librado del rol de cargar el pecado, y esto queda muy claro por el resto de su oración: "pero no sea como yo quiero, sino como tú" (Mt. 26:39). Observa la segunda vez que Jesús oró: "Padre mío, si no puede pasar de mí esta copa sin que yo la beba, hágase tu voluntad" (Mt. 26:42). A medida que la intensidad de la agonía crece, también crece el sentido de determinación de Jesús de hacer la voluntad de su Padre. La oración revela la completa rendición de Jesús de las pasiones humanas a la voluntad divina.

Lo que motiva la oración de Cristo aquí no es una debilidad pecaminosa, sino debilidad humana normal, como el hambre, la sed o la fatiga. Ciertamente, Cristo no tenía un amor masoquista por el sufrimiento. Si Jesús no mirara hacia la cruz con una profunda intranquilidad y temor de lo que estaba por venir, pensaríamos que había algo inhumano en Él. Pero su temor no es cobarde; es el mismo horror y presagio que cualquiera de nosotros sentiría si supiéramos que vamos a experimentar algo extremadamente doloroso. En el caso de Jesús, sin embargo, la agonía era infinitamente magnificada por la naturaleza de lo que enfrentó.

El arresto

¿Por qué fue tanta gente a Getsemaní para arrestar a Jesús?

Ninguno de los Evangelios da números estimados del tamaño de la muchedumbre, pero Mateo, Marcos y Lucas concuerdan en que era una gran multitud (Mt. 26:47; Marcos 14:43; Lucas 22:47). Dependiendo del tamaño del destacamento de soldados (en una cohorte típica romana había seiscientos soldados), la multitud podría fácilmente ser de varios centenares de personas. El hecho de que los sacerdotes principales enviaron una multitud tan grande para llevar a cabo el arresto indica cuán atemorizados estaban del poder de Jesús. Ya varias veces habían intentado arrestar a Jesús o silenciarlo, pero sus planes siempre se habían frustrado. El mismo Jesús llamó la atención sobre la absurda y cobarde táctica de enviar una multitud armada para arrestarlo en medio de la noche. Semejante grupo enorme era una exageración, además de innecesario. Ellos no enfrentarían ninguna resistencia de Jesús. Si Él *no* hubiera querido ser arrestado, no habría habido una fuerza suficiente en la tierra para capturarlo. Si ese no hubiera sido su tiempo en el plan perfecto de Dios, Él podría haber escapado fácilmente de la enorme muchedumbre, como Jesús le señaló a Pedro (Mt. 26:53).

¿Cómo supo la multitud qué hombre en el jardín era Jesús?

Judas fue el discípulo que traicionó a Jesús, y él les había dicho a los soldados: "Al que yo besare, ese es; prendedle" (Mt. 26:48). El beso en aquella cultura era un signo de respeto y homenaje, así como de afecto. Los esclavos besaban los pies de sus amos como el máximo signo de respeto. Los discípulos a veces besaban el pliegue de la ropa de su maestro como una señal de reverencia y profunda devoción. Era común besar a alguien en la mano como un gesto de respeto y honor. Pero un beso en la cara, especialmente con un abrazo, significaba amistad y afecto personal. Y, como si no fuera suficiente que Judas traicionara a Jesús, al hacerlo fingió la máxima muestra de afecto, haciendo que su acción fuera aún más despreciable.

El arresto fue fácil, y era el
momento de ir a juicio. ¿Qué
dificultades encontraron
los acusadores de Jesús?

Encontrar testigos para testificar contra este
hombre inocente no fue fácil. Mucha gente
que deseaba presentar falso testimonio se acercó,
pero ninguno resultó ser lo suficiente creíble
para sostener una acusación contra Jesús. Al
final, dos testigos falsos se presentaron. Había
discrepancias obvias en sus testimonios, por lo
que debieron ser automáticamente rechazados y
el caso contra Jesús desestimado. Pero el sanedrín no estaba dispuesto a hacer eso.

En cambio, había suficientes similitudes
en lo que dijeron los testigos falsos para dar a
sus testimonios una apariencia de credibilidad.
Y el testimonio podía ser torcido para sugerir
que Jesús buscaba el derrocamiento total de la
religión judía (al reemplazar el templo existente
por otro). Además, el sanedrín podía acusar a
Jesús de alta blasfemia por reclamar que Él

podía reconstruir el templo —que fue edificado en cuarenta y seis años (Jn. 2:20)— por medios milagrosos ("sin mano", Mr. 14:58).

Los juicios

¿Trató el sanedrín a
Jesús con justicia?

No. El sanedrín —el más alto tribunal en Israel— llevó rápidamente a Jesús a un veredicto de culpabilidad que ya había sido arreglado y acordado de antemano. En realidad, en vez de gobernar con justicia, el sanedrín a menudo era motivado en sus decisiones por ambiciones políticas, codicia y egoísmo. Considera las tradiciones y garantías de justicia que ellos violaron en el caso de Jesús: todo un día de ayuno tenía que ser guardado por el concilio entre la declaración de sentencia y la ejecución del criminal. El concilio únicamente podía tratar casos donde una tercera parte había presentado las acusaciones. Si algún miembro del concilio las había presentado, todo el concilio quedaba descalificado para tratar el caso. El testimonio de todos los testigos tenía que concordar en cuanto a la fecha, la hora y el lugar del suceso sobre el que daban testimonio. El acusado se consideraba inocente hasta que se alcanzaba el veredicto de culpabilidad oficial. Y los juicios penales no debían celebrarse por la noche.

¿Por qué Jesús no dijo nada en su defensa?

Como acusado, Jesús no tenía obligación de testificar contra sí mismo. Por lo tanto, cuando estaba ante Anás y más tarde ante Caifás, Jesús dejó claro este punto de una manera dramática al rehusar simplemente testificar contra sí mismo. Unos setecientos años antes, el profeta Isaías había predicho ese silencio: "Angustiado él, y afligido, no abrió su boca; como cordero fue llevado al matadero; y como oveja delante de sus trasquiladores, enmudeció, y no abrió su boca" (Is. 53:7).

Al tiempo que se celebraban esos juicios falsos, Pedro negó conocer a Jesús. ¿Por qué cayó Pedro?

El fracaso de Pedro no ocurrió espontáneamente. Él mismo tomó los pasos equivocados que lo encaminaron al fracaso porque *alardeaba demasiado fuerte*. Él hablaba a menudo antes de pensar, e incluso discutía con Jesús. Pedro insistió en que nunca caería, y su impertinencia probó su insensatez, no su fidelidad. Pedro también erró porque *oraba demasiado poco*. La oración hubiera podido fortalecer a Pedro para enfrentar la tentación de la que Jesús le había advertido. Pedro también *dormía demasiado*. Es posible que Pedro estuviera medio dormido cuando impulsivamente sacó su espada y golpeó al siervo del sumo sacerdote. Pero también *lo siguió desde muy lejos*. Después de huir del jardín, Pedro siguió a Jesús desde la distancia. Como muchos seguidores modernos, Pedro evitó la identificación pública como cristiano, por lo que actuaba como un no cristiano.

¿Cuál fue el momento decisivo en esos falsos juicios que afianzó la muerte para Jesús?

Ese momento llegó cuando el sanedrín le preguntó a Jesús: "¿Luego eres tú el Hijo de Dios?". En esta ocasión, Él respondió tan solo: "Vosotros decís que lo soy" (Lc. 22:70). Esta declaración era con exactitud lo que ellos querían. Ahora lo tenían afirmando oficialmente, por una clara implicación, que Él era el Hijo de Dios. Aunque Jesús había dado una amplia evidencia durante todo su ministerio para sustentar esa afirmación —algunos de esos hombres habían visto esa evidencia con sus propios ojos—, los miembros del sanedrín no tenían interés en establecer o desmentir la validez de la afirmación de Jesús. Solo querían ponerlo en una cruz lo antes posible. Al final, esto significa que lo crucificaron por decir la verdad.

Jesús ante Pilato

Una vez que el sanedrín encontró a Jesús culpable de blasfemia, ¿por qué los rabinos judíos tenían que ir a juicio ante las autoridades romanas, es decir, Pilato?

Jesús tuvo dos juicios, uno judío y religioso, y otro romano y secular. Roma se reservaba el derecho de la ejecución en casos capitales, así que Jesús debía ser entregado a las autoridades romanas para su ejecución. El sanedrín llevó a Cristo ante Pilato; luego Jesús fue enviado a Herodes para otra audiencia (Lc. 23:6-12), y luego lo llevaron de nuevo ante Pilato para la audiencia final y la sentencia (Lc. 23:13-25).

Pilato deseaba liberar a Jesús.
¿Por qué se opuso la multitud?

No hay duda de que la multitud sedienta de sangre solo quedaría satisfecha con la muerte de Jesús. Para ellos no era importante que no hubiera acusaciones legítimas contra Jesús; poco importaban la verdad y la justicia. Ellos querían una crucifixión. Muchos en la multitud seguían ciegamente el liderazgo del sanedrín, pero, sin duda, muchos otros odiaban a Jesús por las mismas razones que la gente de hoy lo odia: su enseñanza confrontaba sus malvados estilos de vida; las demandas de Jesús eran demasiado duras; la verdad que Él enseñaba era demasiado estrecha para su gusto. El verdadero tema, en cada caso, era que "los hombres amaron más las tinieblas que la luz, porque sus obras eran malas" (Jn. 3:19).

Pilato ordenó que Jesús fuera azotado antes de ser clavado en una cruz. ¿Qué implicaba la flagelación?

A veces, la flagelación producía la muerte. Un flagelo romano consistía en un mango corto de madera con numerosas tiras de cuero adheridas. Cada tira tenía una pieza de vidrio, metal, hueso u otro objeto al final de la misma. Se despojaba a la víctima de todas sus ropas y se le ataba a un poste por las muñecas, con sus manos bien por encima de su cabeza a fin de levantarlo virtualmente del piso. Los pies quedaban colgando, con la piel de la espalda y sus nalgas completamente tirante. Uno o dos flageladores (lictores) daban los golpes, y con mucha habilidad azotaban la espalda en diagonal y las nalgas con extrema fuerza. La piel era literalmente desgarrada y, con frecuencia, los músculos eran lacerados con profundidad. No era raro que las heridas producidas por los azotes penetraran hasta los riñones o laceraran arterias, causando otras heridas que eran, por sí solas, fatales. Algunas víctimas morían por un choque circulatorio durante la flagelación.

Además del dolor físico de la crucifixión, la característica más remarcable de este tipo de ejecución era el estigma de vergüenza que connotaba. Parte de la vejación era la humillación de tener que cargar con la propia cruz, que pesaba unos cien kilogramos. Las víctimas eran agraviadas despiadadamente. De forma usual, los condenados eran desnudados antes de colgarlos. Se los convertía con deliberación en un espectáculo de vergüenza y reproche.

La crucifixión

Cuando Jesús llegó al Gólgota, ¿por qué le ofrecieron algo para beber?

Los soldados "le dieron a beber vinagre mezclado con hiel; pero [Jesús] después de haberlo probado, no quiso beberlo" (Mt. 27:34). Aparentemente, justo antes de clavarlo en la cruz, los soldados le ofrecieron este trago amargo: el agregado de la hiel profundiza el amargor del vinagre. Marcos 15:23 dice que la sustancia era mirra, que actúa como un narcótico suave. Por lo tanto, los soldados pudieron haberle ofrecido esa bebida por su efecto soporífero justo antes de traspasar los clavos su carne. Cuando Jesús probó lo que era, lo escupió. Él no quería tener sus sentidos adormecidos; tenía que pasar por la cruz para cargar con los pecados, y quería sentir todos los efectos del pecado que cargaba y soportar toda la medida de su dolor. El Padre le había dado una copa para beber que era más amarga que la hiel de mirra, pero sin los efectos soporíferos. Su corazón estaba aun con resolución decidida a llevar a cabo la voluntad del Padre, y haría exactamente eso.

Jesús fue crucificado. ¿Qué implicaba realmente la muerte por crucifixión?

Jesús fue clavado en la cruz mientras esta descansaba sobre la tierra. Los clavos eran puntas de hierro, similares a los modernos clavos de ferrocarril, pero mucho más afilados. Los clavos se pasaban por las muñecas (no las palmas de las manos), porque los tendones y la estructura de los huesos de la mano no soportarían el peso del cuerpo y se desgarraría la carne entre los dedos. Los clavos en las muñecas usualmente rompían los huesos carpianos y desgarraban los ligamentos carpianos, pero aun así la estructura de la muñeca era lo suficientemente fuerte como para soportar el peso del cuerpo. Cuando el clavo atravesaba la muñeca, acostumbraba causar un daño severo en el nervio sensomotor medio, provocando un intenso dolor en ambos brazos. Finalmente, se introducía un solo clavo en ambos pies, a veces a través de los tendones de Aquiles. Ninguna de las heridas producidas por los clavos era mortal, pero sí causaría un dolor intenso y creciente a medida que se prolongaba el tiempo de la víctima en la cruz.

Después de clavar a la víctima en la cruz, varios soldados levantaban lentamente la parte superior de la cruz e introducían el pie de la misma en un hoyo profundo. La cruz caía con un golpe fuerte al fondo del hoyo, causando que todo el peso del cuerpo de la víctima fuera soportado por los clavos en las muñecas y los pies. Eso provocaba un dolor de huesos desgarrador por todo el cuerpo, porque las coyunturas más importantes salían de repente de su posición original. A eso quizá se refiera el Salmo 22, un salmo sobre la crucifixión, al profetizar sobre Cristo: "He sido derramado como aguas, y todos mis huesos se descoyuntaron" (Sal. 22:14).

¿Es la muerte por crucifixión a menudo muerte por asfixia?

La falta de oxígeno es definitivamente un factor clave para la muerte en una cruz. Truman Davis, un médico que estudió los efectos físicos de la crucifixión, describió cómo habría muerto Jesús por la falta de oxígeno:

> Cuando los brazos se cansan, grandes olas de calambres se extienden por los músculos, agrupándolos en dolores profundos, incesantes y punzantes. Con esos calambres viene la incapacidad de empujarse hacia arriba. Como Jesús cuelga de sus brazos, los músculos pectorales están paralizados y los músculos intercostales no pueden actuar. El aire puede entrar en los pulmones pero no puede ser exhalado. Jesús lucha por levantarse a fin de conseguir al menos un corto respiro. Finalmente, el dióxido de carbono se acumula en los pulmones y la corriente sanguínea, y los calambres disminuyen parcialmente. Espasmódicamente, Jesús puede empujarse hacia arriba para exhalar y recibir el oxígeno necesario para respirar… Horas de este dolor ilimi-

tado, ciclos de torsión, calambres que tuercen las articulaciones, asfixia parcial intermitente, ardiente dolor cuando el tejido es arrancado de la espalda lacerada a medida que Él se mueve arriba y abajo contra el áspero madero; hasta que comienza otra agonía: un profundo dolor opresivo en el pecho, cuando el pericardio se llena lentamente con suero y comienza a comprimir el corazón. Ahora, ya casi ha terminado todo: la pérdida de fluido tisular ha alcanzado un nivel crítico, el comprimido corazón está luchando para bombear una sangre pesada, lenta y espesa hacia los tejidos, y los torturados pulmones están haciendo un esfuerzo frenético por respirar pequeñas bocanadas de aire.[1]

Una vez que la fuerza o la sensación en las piernas se perdía, la víctima ya no podía empujarse hacia arriba para respirar, y la muerte venía rápidamente. Por esa razón, a veces los romanos practicaban la *crucifractura* —rotura de las piernas por debajo de las rodillas— cuando querían acelerar el proceso (Jn. 19:31). La deshidratación, el choque hipovolémico y la insuficiencia cardíaca congestiva a veces aceleraban el proceso también. En el caso de Jesús, es probable que el cansancio agudo fuera otro factor importante.

---

1. "The Crucifixion of Jesus: The Passion of Christ from a Medical Point of View"; *Arizona Medicine*, vol. 22, n.°3 (marzo de 1965), 183-87.

La justicia del Calvario

¿Fue la muerte de Jesús en el Calvario el peor error judicial de la historia humana?

Así es. Fue una acción malvada perpetrada por hombres malvados. Pero esa no es toda la historia. La crucifixión de Cristo también fue el más grande acto de justicia divina alguna vez realizado. Se hizo conforme al "determinado consejo y anticipado conocimiento de Dios" (Hch. 2:23) y con el propósito más sublime: la muerte de Cristo aseguró la salvación de incontables personas y abrió el camino para que Dios perdonara el pecado sin comprometer sus propias normas de santidad.

Cuando Cristo colgaba de la cruz, no fue una simple víctima de hombres injustos. Si bien fue asesinado de manera injusta e ilegal por hombres cuyas intenciones eran únicamente malvadas,

Cristo murió voluntariamente, convirtiéndose en una expiación por los pecados de los mismos que lo mataron. La cruz fue el derramamiento del juicio divino contra la persona de Cristo, no porque *Él* lo mereciera, sino porque cargó con ese juicio en favor de aquellos a quienes Él redimiría. Fue el más grande sacrificio alguna vez hecho; el más puro acto de amor alguna vez llevado a cabo; y, en última instancia, un infinitamente más alto acto de justicia que toda la injusticia humana que ese acto representó.

La gente que crucificó a Jesús, ¿fueron inocentes peones de un plan divino?

Las intenciones de aquellos que mataron a Cristo fueron completamente asesinas, y aquellos individuos de ninguna manera son exonerados de su maldad, solo porque los propósitos de Dios son buenos. La crucifixión de Jesús fue un acto de "manos de inicuos" (Hch. 2:23). Ese acto, en cuanto a los perpetradores humanos, fue un acto de pura maldad. La maldad de la crucifixión no es para nada mitigada por el hecho de que Dios la ordenó en su soberanía para bien. La verdad de que fue su plan soberano no hace que la obra sea algo menos que un acto diabólico de asesinato. Sin embargo, la crucifixión *fue,* con total claridad, un plan santo y soberano de Dios desde antes de la fundación del mundo (Ap. 13:8).

¿Cómo pudo un Dios amoroso
aprobar este plan, especialmente
cuando implicaba la muerte
de su único Hijo?

Sin duda, da qué pensar que Dios ordenara
el asesinato de Jesús. O, para ponerlo en los
claros términos de Isaías 53:10, de que "él *quiso*
quebrantarlo*. Dios el Padre se complació de
la muerte de su Hijo solo porque le agradó la
redención que la muerte y resurrección de Jesús
logró. Dios el Padre estaba complacido de que
su plan eterno de salvación fuera cumplido, el
sacrificio de su Hijo, que murió para que otros
pudieran tener vida eterna. Él estaba complacido
en exhibir su justa ira contra el pecado de una
manera tan gráfica y en demostrar su amor por
los pecadores mediante su majestuoso sacrificio.

Entonces, la crucifixión de Jesús —la muerte del Hijo— ¿fue parte del plan de Dios?

El complot malvado para matar a un hombre inocente sería exitoso, pero solo conforme al plan de Dios y en el tiempo de Dios. De hecho, si la muerte de Jesús no hubiera sido parte del plan eterno de Dios, nunca hubiera sucedido. Jesús dijo de su vida: "Nadie me la quita, sino que yo de mí mismo la pongo. Tengo poder para ponerla, y tengo poder para volverla a tomar. Este mandamiento recibí de mi Padre" (Jn. 10:18). Pilato intentó obligar a Jesús a responder a las acusaciones contra Él invocando su propia autoridad como gobernador: "¿No sabes que tengo autoridad para crucificarte, y que tengo autoridad para soltarte?" (Jn. 19:10). Pero Jesús le respondió: "Ninguna autoridad tendrías contra mí, si no te fuese dada de arriba" (v. 11). Claramente, Dios estaba actuando de manera soberana en todo lo que estaba ocurriendo. El complot diseñado contra Jesús por sus enemigos estaba en conformidad con el plan previsto por Dios desde la eternidad pasada.

¿Qué significó para Jesús la crucifixión como un ser humano de carne y hueso?

No fue una exageración cuando Jesús les dijo a sus discípulos en el jardín de Getsemaní que su angustia era tan severa que lo había llevado al borde de la muerte. La agonía que Él cargaba en el jardín fue literalmente suficiente para matarlo, y bien pudo haberle pasado si Dios no lo hubiera preservado para otro medio de muerte. Lucas registra que "era su sudor como grandes gotas de sangre que caían hasta la tierra" (Lc. 22:44). Eso describe una rara pero bien documentada afección conocida como *hematidrosis*, que a veces ocurre bajo una pesada angustia emocional. Los capilares subcutáneos estallan bajo estrés y la sangre se mezcla con la propia transpiración y sale por las glándulas sudoríparas. Y la agonía física se convertiría en algo mucho peor.

Palabras finales de Jesús

Las Escrituras solo registran siete breves dichos del Salvador cuando colgaba de la cruz. ¿Cuál es la importancia de cada uno de ellos?

Una petición de perdón

> Padre, perdónalos, porque no saben lo que hacen (Lc. 23:34).

Las primeras palabras de Jesús fueron una petición de misericordia en favor de sus verdugos. J. C. Ryle escribió: "Tan pronto como la sangre del gran sacrificio comenzó a fluir, el gran sumo sacerdote comenzó a interceder".[1] Cristo respondió con exactitud de la manera opuesta a

---

1. J. C. Ryle, *Expository Thoughts on the Gospels: Luke, vol. 2* (Nueva York: Robert Carter, 1879), 467.

la que la mayoría de los hombres respondería. En vez de amenazar, devolver los azotes o maldecir a sus enemigos, Él oró a Dios en favor de ellos. Incluso, en el momento culminante de su agonía, la compasión llenó su corazón. Sin embargo, la frase "porque no saben lo que hacen" no sugiere que no tuvieran conocimiento de que estaban pecando. La mayoría era completamente consciente de la *realidad* de su delito, pero ignorantes de la *enormidad* de su crimen. Estaban ciegos a toda la realidad de que estaban crucificando a Dios el Hijo.

Una promesa de salvación

> De cierto te digo que hoy estarás conmigo en el paraíso (Lc. 23:43).

La segunda declaración de Cristo muestra la forma generosa en que se otorga el perdón. El ladrón siendo crucificado junto a Jesús confesó su propia culpa, reconoció la justicia de su propia condena a muerte y afirmó la inocencia de Cristo. Entonces, Jesús le prometió el paraíso. Este incidente es una de las ilustraciones bíblicas más grandes de la verdad de la justificación por fe. Este hombre no había hecho nada para merecer la salvación y, colgando de la cruz, no tenía esperanza de poder ganar el favor de Cristo. Él no esperaba expiar sus propios pecados, hacer penitencia o llevar a cabo ningún ritual.

En cambio, su perdón fue completo, gratuito e inmediato.

Una provisión para su madre

Aunque estaba muriendo bajo la más atroz angustia, Jesús proveyó generosamente para su madre (Jn. 19:26-27). Cristo amó y honró a su madre como *una madre*. Él cumplió el quinto mandamiento tan perfectamente como lo hizo con todos los demás. Y parte de la responsabilidad de honrar a los propios padres es el deber de ver que están cuidados al llegar a viejos. Cristo no descuidó ese deber.

Una petición al Padre

> Elí, Elí, ¿lama sabactani? Esto es: Dios mío, Dios mío, ¿por qué me has desamparado? (Mt. 27:46).

Mientras Cristo colgaba allí, Él estaba cargando los pecados del mundo, y Dios estaba castigando a su propio Hijo como si Él hubiera cometido cada acción malvada llevada a cabo por cada pecador que alguna vez creería. Y Dios lo hizo para poder perdonar y tratar a aquellos redimidos como si ellos hubieran vivido la vida perfecta y justa de Cristo (2 Co. 5:21). Era la propia ira de Dios contra el pecado, la propia justicia de Dios y el propio sentido de justicia que Cristo satisfizo en la cruz. Los dolores físicos de la crucifixión —tan tremendos como fueron— no son nada comparados con la ira del Padre contra Él. En aquel terrible y sagrado momento, fue como si el Padre lo hubiera abandonado. Aunque seguramente no hubo ninguna interrupción del amor del Padre por Él *como el Hijo*, Dios de todos modos se apartó de Él y lo abandonó *como nuestro Sustituto*.

Un ruego de ayuda

Tengo sed (Jn. 19:28).

Cuando el fin de acercaba, Cristo pronunció una petición final para el alivio físico. Antes Él había escupido el vinagre mezclado con un calmante que le habían ofrecido. Ahora, Él pidió poder calmar la terrible sed producto de la deshidratación, y solo le dieron una esponja saturada con vinagre puro (Jn. 19:29). En su sed podemos ver la verdadera humanidad de Cristo. Aunque era Dios encarnado, en su cuerpo físico Él sufrió de una forma tal como pocos han sufrido alguna vez.

Una proclamación de victoria

"Consumado es" (Jn. 19:30) fue un grito de triunfo. La obra que el Padre le había dado a Jesús la había completado. La obra expiatoria de Cristo fue terminada; la redención de los pecadores completa; y Él había conquistado al pecado y a la muerte. Cristo había cumplido, en el nombre de los pecadores, todo lo que la ley de Dios les requería. La expiación total fue hecha. Se logró todo lo que la ley ceremonial había anunciado. La justicia de Dios se satisfizo. El rescate por el pecado se pagó en su totalidad y para siempre. Solo quedaba que Cristo muriera, para que pudiera resucitar.

Una oración de consumación
"Padre, en tus manos encomiendo mi espíritu" expresaba la sumisión sin reservas que había en el corazón de Jesús desde el principio (Lc. 23:46). En un sentido, Cristo fue asesinado por hombres malvados (Hch. 2:23). En otro sentido, fue el Padre quien lo envió a la cruz, y al Padre le agradó hacerlo (Is. 53:10). Aun en otro sentido, nadie tomó la vida de Cristo: Él la dio voluntariamente por aquellos a quienes amaba (Jn. 10:17-18). Cuando Jesús al final expiró en la cruz, no fue con una desgarradora lucha contra sus enemigos. Él no exhibió una atroz angustia. Su pasaje final hacia la muerte —como todo otro aspecto del drama de la crucifixión— fue un acto deliberado de su voluntad soberana. Juan dice: "Habiendo inclinado la cabeza, entregó el espíritu" (Jn. 19:30). Mostrando tranquilidad y sumisión, Él simplemente entregó su vida.

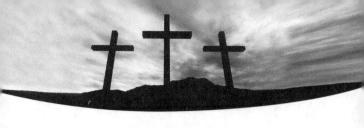

Jesús: Su trascendencia

Cristo estaba muerto, pero la muerte no lo había conquistado. El primer día de la semana, Él salió triunfantemente de la tumba y se mostró vivo a cientos de testigos oculares (1 Co. 15:5-8). Él no solo expió el pecado; sino que, en el proceso, demostró su dominio sobre la muerte.

La muerte
de Jesús

¿Por qué enfatiza el apóstol Pablo la muerte de Cristo en vez del triunfo de la resurrección?

Pablo enfatizó la muerte de Cristo porque, sin la obra expiatoria de Cristo en la cruz, su resurrección hubiera sido solamente una maravilla para observarla y admirarla, pero sin repercusiones personales para nosotros. En virtud de la muerte de Jesús en la que sufrió la paga del pecado en nuestro favor, nos convertimos en partícipes con Él también en su resurrección. Por eso, "Jesucristo, y a éste crucificado" (1 Co. 2:2) sigue siendo el corazón y alma del mensaje del evangelio.

Jesús murió un viernes, pero resucitó un domingo. ¿Cómo se cuentan los tres días?

Cuando los judíos se refieren a fechas y tiempos, consideran cualquier porción de un día como un día. Cristo fue crucificado un viernes y murió antes del anochecer (día 1). Estuvo sepultado todo el sábado (día 2). Y las mujeres llegaron a la tumba el domingo en la mañana. Por tanto, cuando se calculan los días que pasaron desde la muerte de Jesús, se considera el domingo el tercer día.

¿Cuáles fueron algunos de los extraordinarios fenómenos sobrenaturales que acompañaron la muerte de Jesús, y cuál fue la importancia de cada uno de ellos?

- Al mediodía cayó sobre el lugar una *oscuridad* que permaneció por tres horas (Mt. 27:45). No podría haber sido un eclipse, porque la Pascua siempre caía en luna llena, y un eclipse solar estaría fuera de toda probablidad durante la luna llena. Ciertamente, Dios puede oscurecer la luz solar. Las Escrituras no dicen por qué apareció la oscuridad; solo lo informa como un hecho. Bien puede significar el juicio del Padre sobre Cristo cuando Él cargó sobre su persona nuestra culpa.
- En el momento de la muerte de Cristo, "el *velo* del templo *se rasgó en dos*, de arriba abajo" (Mt. 27:51). El velo era una pesada cortina que bloqueaba la entrada al lugar santísimo en el templo de Jerusalén, el lugar donde se guardaba el arca del pacto, simbolizando la sagrada presencia de Dios. La

rasgadura de la cortina en el momento de la muerte de Jesús simbolizó de manera espectacular que su sacrificio era una expiación suficiente por los pecados para siempre y, de esa manera, el lugar santísimo estaba ahora abierto. Que se rasgara la cortina de arriba abajo significaba que era Dios mismo quien eliminaba la barrera.

- También en el momento exacto de la muerte de Cristo, "la *tierra tembló*, y las rocas se partieron" (Mt. 27:51). Aunque los terremotos eran fenómenos bastante comunes, un terremoto con suficiente fuerza como para partir rocas hubiera paralizado al instante la ciudad de Jerusalén por varios minutos. Un terremoto sobrenatural, como este, solo podría significar la ira de Dios. En la cruz, la ira de Dios contra el pecado fue derramada sobre su propio Hijo; el terremoto que la acompañó marco el punto final de la ira.

- En el mismo momento en que Cristo murió, "*se abrieron los sepulcros*, y muchos cuerpos de santos que habían dormido, se levantaron" (Mt. 27:52). Su aparición probó que la muerte de Cristo había conquistado a la muerte, no solo para sí mismo, sino para todos los creyentes.

- Marcos informa de la *conversión del centurión* a cargo de supervisar la crucifixión. En el momento de la muerte de Jesús, cuando la obra de expiación de Cristo fue cumplida, su dramático poder salvífico ya estaba obrando en la vida de quienes estaban físicamente cerca de Él. El centurión proclamó: "Verdaderamente este hombre era Hijo de Dios" (Mr. 15:39).

¿Por qué murió Jesús?

Jesús fue a la cruz voluntaria y deliberadamente, y en obediencia sumisa a Dios, para morir por los pecados de otros. Él padeció aquella vergüenza, aquella deshonra, aquel dolor, y la ira de Dios contra el pecado que cargaba, por el gozo puesto delante de Él: la redención de su pueblo.

En la cruz, Dios estaba castigando a su propio Hijo como si hubiera cometido cada obra malvada llevada a cabo por cada pecador que alguna vez creyera. Y Dios lo hizo para que pudiera perdonar y tratar a esos redimidos como si hubieran vivido la vida perfecta y justa de Cristo. Era la propia ira de Dios contra el pecado, la propia justicia de Dios y el propio sentido de justicia que Cristo satisfizo en la cruz. Cristo murió en nuestro lugar y recibió el derramamiento de la ira divina con toda la furia que estaba reservada para nuestro pecado. Fue un castigo tan severo que un hombre mortal podría pasar toda la eternidad en los tormentos del infierno y, aun así, no habría comenzado a agotar la ira divina que estaba acumulada sobre Cristo en la cruz.

La resurrección

¿Cómo podemos estar seguros de que Jesús realmente resucitó?

La resurrección de Cristo es una de las verdades centrales de la fe cristiana y la única explicación plausible para la tumba vacía. Ni siquiera los líderes judíos negaron la realidad de la tumba vacía, pero inventaron la historia de que los discípulos habían robado el cuerpo de Jesús (Mt. 28:11-15). La idea de que los temerosos (Jn. 20:19) y dubitativos (Jn. 20:24-25) discípulos, de alguna manera, redujeron a la guardia del destacamento romano y robaron el cuerpo de Jesús es absurda. Que ellos lo hicieran mientras los guardias estaban dormidos es aún más descabellado. Al mover la pesada roca de la entrada de la tumba, los discípulos habrían despertado, seguramente, al menos a uno de los soldados. En todo caso, si estaban dormidos, ¿cómo podrían los guardias saber lo que pasó? Se han inventado muchas otras teorías a lo largo de los siglos para explicar la tumba vacía, todas igualmente inútiles.

¿Quién vio a Jesús resucitado?

María Magdalena fue la primera en ver a Jesús resucitado, aunque lo confundió con el hortelano (Jn. 20:14-16). Después, Jesús saludó a las mujeres que iban a Jerusalén para decirles a los discípulos que la tumba estaba vacía (Mt. 28:9). Luego, aunque Jesús había dicho a sus discípulos: "Iré delante de vosotros a Galilea" (Mt. 26:32), Él no apareció primero a los discípulos en Galilea. En realidad, fue a ellos en varias ocasiones antes de reunirse con ellos allí. Jesús apareció primero a Pedro (Lc. 24:34). Se reunió con dos discípulos en el camino a Emaús (Lc. 24:13-15). En el anochecer del domingo de resurrección, se encontró con diez discípulos que estaban reunidos (Jn. 20:19) y, ocho días después, con los once, después de que Tomás se les uniera (Jn. 20:26). Pero la aparición suprema de Jesús estaba prevista para tener lugar en Galilea. Allí "apareció a más de quinientos hermanos a la vez" (1 Co. 15:6), y fue allí que los discípulos fueron comisionados para su ministerio apostólico.

¿Por qué ha sido catalogada la resurrección de Jesucristo como el más grande evento en la historia del mundo?

La resurrección de Jesús de entre los muertos es tan fundamental para el cristianismo que nadie que la niegue puede ser un verdadero cristiano. Sin la resurrección, no hay fe cristiana, no hay salvación y no hay esperanza. "Si no hay resurrección de muertos", explicó Pablo, "tampoco Cristo resucitó. Y si Cristo no resucitó, vana es entonces nuestra predicación, vana es también vuestra fe" (1 Co. 15:13-14). Una persona que cree en un Cristo que no ha resucitado cree en un Cristo sin poder, un Cristo muerto. Si Cristo no resucitó de entre los muertos, ninguna redención fue lograda en la cruz. "Vuestra fe es vana; aún estáis en vuestros pecados" (1 Co. 15:17).

No es sorprendente, por lo tanto, que el primer sermón en el día en que la Iglesia nació se enfocara en la resurrección de Cristo. Después de acusar a sus oyentes de la muerte de Jesús,

Pedro declaró: "Al cual Dios levantó, sueltos los dolores de la muerte, por cuanto era imposible que fuese retenido por ella" (Hch. 2:24). Asimismo, la resurrección se erige como un tema central en las epístolas de Pablo, quien declaró que Cristo "fue sepultado, y que resucitó al tercer día, conforme a las Escrituras" (1 Co. 15:4). La salvación solo les pertenece a quienes creen en la resurrección de Jesucristo, que lo confiesan como Señor y Salvador, y que, de ese modo, se identifican con Él.

La elección
entre la vida
y la muerte

¿Por qué es importante
quién es Jesús?

Es importante por la misma razón que
importa qué pensamos acerca de Dios. Y
tu visión sobre Dios tiene más repercusiones de
largo alcance que todo lo demás en tu sistema
de creencias. Lo que piensas sobre Dios afecta
tu manera de ver todo lo demás, especialmente
cómo priorizas tus valores; cómo determinas lo
que está bien y lo que está mal; y lo que piensas de tu propio lugar en el universo. Y eso, sin
duda, determinará cómo actúas.

Alguien que rechaza a Dios repudia el único
fundamento razonable para la moralidad, la rendición de cuentas, la verdadera espiritualidad y
la necesaria distinción entre el bien y el mal. Así,

la vida privada del ateo inevitablemente se convertirá en una demostración visible de los males de la incredulidad. Pese a que algunos ateos intentan mantener una apariencia pública de virtud y respetabilidad —incluso cuando hacen juicios morales sobre otros—, su vida está llena de contradicciones. ¿Qué posible "virtud" puede haber en un universo accidental sin Legislador ni Juez?

¿Cuáles son las posibles consecuencias de lo que creemos sobre Dios?

Uno de los temas centrales de la Biblia es la importancia de creer la verdad acerca de Dios. Esto no es algo que la Biblia simplemente sugiere o menciona de paso. Declaración tras declaración, las Escrituras afirman que nuestra visión de Dios es el tema espiritual más fundamental de todos. En términos bíblicos, la diferencia entre la verdadera fe y la falsa (o incredulidad) es la diferencia entre la vida y la muerte, el cielo y el infierno.

¿Cuáles son algunas guías al considerar quién es Dios?

Dos convicciones teológicas no negociables que debemos mencionar son: primera, un compromiso con la absoluta exactitud y autoridad de las Escrituras como la revelada Palabra de Dios, no como un producto de la imaginación humana, la experiencia, la intuición o ingenuidad (2 P. 1:21). La otra es una fuerte creencia de que el evangelio establece el único camino posible de salvación del pecado y el juicio, por gracia mediante la fe en el Señor Jesucristo.

Enfrentémoslo: la idea de que toda la raza humana está caída y condenada es simplemente demasiado difícil para el gusto de muchas personas. Ellos prefieren creer que la mayoría de la gente es fundamentalmente buena y dicen que solo necesitamos cultivar la bondad que llevamos dentro, y podremos arreglar todo lo que esté mal con nuestra sociedad humana. (Eso no es muy diferente de lo que los fariseos creían de sí mismos). Pero las Escrituras nos dicen otra cosa. El pecado nos ha corrompido. Todo el que no tiene a Cristo como Señor y Salvador es esclavo del diablo, condenado por un Dios justo y destinado al infierno.

La gente del siglo XXI trata de no ofender a las personas que tienen diferentes creencias; tolerancia y aceptación son la norma. Sin embargo, esa no parece ser la elección que Jesús tomó. ¿Qué podemos aprender de Él?

A veces —especialmente cuando una verdad bíblica de vital importancia está bajo ataque, cuando las almas de la gente están en juego, o (sobre todo) cuando el mensaje del evangelio está siendo destrozado por falsos maestros— es sencillamente incorrecto permitir que una opinión contraria sea dicha sin desafiarla o corregirla. Una de las peores cosas que un creyente puede hacer es mostrar un tipo de respeto académico fingido o de cordialidad artificial a los que propagan errores serios que destruyen el alma (Sal. 129:4-8; 1 Co. 16:22). La noción de que una amigable conversación siempre es superior a un conflicto abierto es bastante contraria al ejemplo que Cristo mismo nos dio.

Jesús como Salvador y Señor

¿Cuál es la conexión entre llamar a Jesús "Señor" y reconocerlo como "Salvador"?

Jesús es Señor, y aquellos que lo rechazan como Señor no pueden tenerlo como Salvador. Todo el que lo recibe (Salvador) debe rendirse a su autoridad (Señor), porque decir que hemos recibido a Cristo cuando, en realidad, rechazamos su derecho a reinar sobre nosotros es un completo absurdo. Es inútil tratar de aferrarnos al pecado con una mano y con la otra aceptar a Jesús. ¿Qué clase de salvación es esa, si seguimos siendo esclavos del pecado?

El evangelio que debemos proclamar es este: que Jesucristo, Dios encarnado, se humilló a sí mismo para morir en nuestro favor. Por lo tanto, Él se convirtió en un sacrificio sin pecado para pagar el castigo de nuestra culpa. Él se levantó de entre los muertos para declarar con poder que es Señor sobre todo, y ofrece vida eterna gratuitamente a los pecadores que se rinden a Él con una fe humilde que incluye arrepentimiento. El evangelio no promete nada para los rebeldes soberbios, pero para los pecadores quebrantados y arrepentidos ofrece todo lo que pertenece a la vida y a la piedad (2 P. 1:3).

Para dar la gloria a Cristo, debemos confesarlo como Señor. Eso es parte de la salvación, no un acto posterior. La salvación implica confesar que Cristo es Dios y, por lo tanto, es soberano en tu vida.

¿Cómo es en la vida real tener fe en Jesús como Salvador?

Las Escrituras describen a la fe como una confianza incondicional y personal en Cristo (Gá. 2:16; Fil. 3:9). No es simplemente fe *acerca* de Él, sino fe *en* Él. Nota la diferencia: si yo digo que creo alguna promesa que has hecho, estoy diciendo mucho menos que si dijera que confío en *ti*. Creer en una persona necesariamente implica algún tipo de compromiso. Confiar en Cristo significa ubicarse bajo su tutela tanto para la vida como para la muerte. Eso significa que descansamos en su consejo, confiamos en su bondad, y nos confiamos nosotros mismos a su cuidado eterno. La fe verdadera, es decir, la fe que salva, implica que todo mi ser (mente, emociones y voluntad) abraza todo de Él (Salvador, Abogado, Proveedor, Sustentador, Consejero, y Señor Dios).

Aquellos que tienen este tipo de fe amarán a Cristo (Jn. 8:42; 14:15; Ro. 8:28). Por lo tanto, querrán hacer su voluntad. ¿Cómo puede alguien que realmente cree en Cristo continuar desafiando su autoridad y seguir en pos de lo que Él odia? En este sentido, pues, el tema crucial de tener a Cristo como Salvador y Señor no es simplemente una cuestión de autoridad y sumisión, sino de los afectos del corazón. Jesús como Señor es mucho más que una figura de autoridad. Él también es nuestro mayor tesoro y el compañero más preciado. Nosotros lo obedecemos por verdadero placer.

Por lo tanto, el evangelio demanda rendición, no solo en función de la autoridad, sino también porque la rendición es el gozo más alto del creyente. Este tipo de rendición no es un agregado extraño a la fe; es la misma esencia de creer.

¿Qué significa volverse a Jesús?

La fe con arrepentimiento es un requisito. No es una simple decisión de confiar en Cristo para vida eterna, sino que implica renunciar a todo lo demás en que confiamos y volvernos a Jesucristo como Señor y Salvador:

- **Arrepiéntete**: "Convertíos, y apartaos de todas vuestras transgresiones" (Ez. 18:30). "No quiero la muerte del que muere, dice Jehová el Señor; convertíos, pues, y viviréis" (Ez. 18:32). "[Dios] ahora manda a todos los hombres en todo lugar, que se arrepientan" (Hch. 17:30). "Todos tienen que arrepentirse de sus pecados y volver a Dios, y demostrar que han cambiado por medio de las cosas buenas que hacen" (Hch. 26:20 NTV).
- **Vuelve tu corazón** de *todo lo que sabes que deshonra a Dios*: "Os convertisteis de los ídolos a Dios, para servir al Dios vivo y verdadero" (1 Ts. 1:9).
- **Confía en Él** *como Señor y Salvador*: "Cree en el Señor Jesucristo, y serás salvo" (Hch. 16:31). "Si confesares con tu boca que Jesús

es el Señor, y creyeres en tu corazón que Dios le levantó de los muertos, serás salvo" (Ro. 10:9).

- **Sigue a Jesús**: "Si alguno quiere venir en pos de mí, niéguese a sí mismo, tome su cruz cada día, y sígame" (Lc. 9:23). "Ninguno que poniendo su mano en el arado mira hacia atrás, es apto para el reino de Dios" (Lc. 9:62). "Si alguno me sirve, sígame; y donde yo estuviere, allí también estará mi servidor. Si alguno me sirviere, mi Padre le honrará" (Jn. 12:26).

La invitación de Jesús para ti

Para aceptar a Jesús con una fe salvífica y entrar a su reino eterno, debes primero reconocer tu pecaminosidad ante Dios. Como el publicano en Lucas 18:13-14, debes pedirle a Dios su misericordia y su perdón, y confiar no en las buenas obras sino solo en la obra completa de su Hijo, Jesucristo. Mediante su muerte en la cruz, Jesús pagó el castigo del pecado a fin de que todos los que creyeran en Él fueran salvos. Mediante su resurrección, Jesús conquistó la muerte de una vez y para siempre, y probó que es el que afirma ser.

La fe verdadera es más que solo un asentimiento mental. Aceptar a Jesucristo como tu Señor y Salvador incluye estar dispuesto a seguirlo y servirlo. Para los que aman al Señor Jesucristo, servirlo no es una carga. En cambio, es un profundo placer, el fruto de una vida transformada, y un adelanto de la gloriosa adoración que espera a todos los creyentes en el cielo.

Si confesares con tu boca que Jesús es el Señor, y creyeres en tu corazón que Dios le levantó de los muertos, serás salvo. Porque con el corazón se cree para justicia, pero con la boca se confiesa para salvación.

ROMANOS 10:9-10

Bibliografía

MacArthur, John F. *Experiencing the Passion of Christ: God's Purpose Behind Christ's Pain*. Nashville, TN: Thomas Nelson, 2004.

_____. *God in the Manger: The Miraculous Birth of Christ*. Nashville, TN: Thomas Nelson, 2001.

_____. *The Gospel According to the Apostles: The Role of Works in the Life of Faith*. Nashville, TN: Thomas Nelson, 1993 y 2000.

_____. *The Jesus You Can't Ignore: What You Must Learn from the Bold Confrontations of Christ*. Nashville, TN: Thomas Nelson, 2008. Publicado en español por Grupo Nelson con el título *El Jesús que no puedes ignorar: lo que debes aprender de las confrontaciones descaradas de Cristo*.

_____. *The MacArthur Bible Commentary*. Nashville, TN: Thomas Nelson, 2005.

_____. *The Murder of Jesus: A Study of How Jesus Died*. Nashville, TN: Thomas Nelson, 2000 y 2004. Publicado en español por Portavoz con el título *El asesinato de Jesús*.

_____. *The Truth About the Lordship of Christ*. Nashville, TN: Thomas Nelson, 2012.

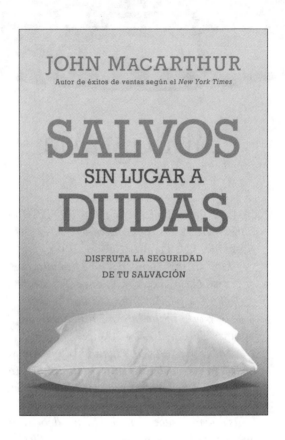

JOHN MACARTHUR

Autor de éxitos de ventas según el *New York Times*

SALVOS
SIN LUGAR A
DUDAS

DISFRUTA LA SEGURIDAD
DE TU SALVACIÓN

Todos los creyentes han luchado con estas preguntas en algún momento de su vida. *Salvos sin lugar a dudas* trata este tema difícil, examinando las Escrituras para descubrir la verdad sobre la salvación, y a la vez analizando cuestiones difíciles que pueden obstaculizar nuestra fe. Los lectores podrán desarrollar una teología de la salvación basada en la Biblia, y ser alentados a descansar de forma segura en su relación personal con Cristo.

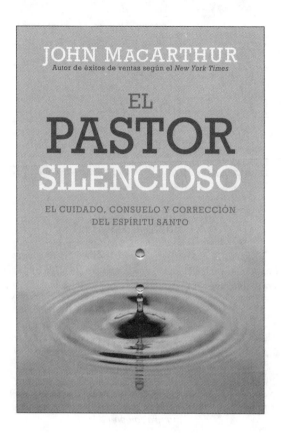

JOHN MACARTHUR
Autor de éxitos de ventas según el *New York Times*

EL
PASTOR
SILENCIOSO

EL CUIDADO, CONSUELO Y CORRECCIÓN
DEL ESPÍRITU SANTO

La función del Espíritu Santo en la vida cristiana es a menudo malentendida. Algunos creyentes se enfocan únicamente en los dones espirituales y otros evitan el tema por completo. No obstante, la verdad es que el Espíritu de Dios es indispensable para el corazón y la vida del creyente, y obra de buen grado en él.

Por más de treinta años, el reconocido pastor y maestro John MacArthur ha impartido enseñanza bíblica práctica, a fin de ayudar a los cristianos a crecer en su camino de fe.

EDITORIAL
PORTAVOZ

NUESTRA VISIÓN

Maximizar el efecto de recursos cristianos de calidad que transforman vidas.

NUESTRA MISIÓN

Desarrollar y distribuir productos de calidad —con integridad y excelencia—, desde una perspectiva bíblica y confiable, que animen a las personas a conocer y servir a Jesucristo.

NUESTROS VALORES

Nuestros valores se encuentran fundamentados en la Biblia, fuente de toda verdad para hoy y para siempre. Nosotros ponemos en práctica estas verdades bíblicas como fundamento para las decisiones, normas y productos de nuestra compañía.

Valoramos la excelencia y la calidad
Valoramos la integridad y la confianza
Valoramos el mérito y la dignidad de los individuos
y las relaciones
Valoramos el servicio
Valoramos la administración de los recursos

Para más información acerca de nuestra editorial y los productos que publicamos visite nuestra página en la red: www.portavoz.com